Global Biz **Lao**

싸바이이디
라오스어

일상회화 편·비즈니스회화 편

저자: 수핀 봉파찬, 싸이싸완 쑤완디, 변학구

KB037198

추 천 사

정우상(재 라오스 한인협회장)

싸바이디(안녕하세요)
라오스는 "싸바이디"의 나라입니다.
처음 만나는 사이나 오래된 사이나 모든 인사가 "싸바이디"로 통하는 정겨운 나라입니다.
"싸바이디"라는 말에는 모든 인사가 포함되어 있다고 보시면 됩니다.

2011년 12월에 라오스와 한국과의 직항이 취항한 이래 2017년말까지 18만 명 정도의 한국 관광객들이 라오스를 방문하였으며 앞으로는 더 많은 관광객들이 라오스를 방문할 것으로 보입니다.

이런 시점에 코이카단원으로 2년간 라오스에서 현지인들과 함께 생활하며 봉사를 한 변학구 씨가 "싸바이디 라오스어"라는 회화책을 출판하게 되었습니다.
"싸바이디 라오스어"는 저자가 라오스 일상생활에서 자주 쓰이고 활용되는 문구 위주로 책을 발간하였기에 라오스 여행을 하는분들과 라오스에서 사업을 준비하는분들 모두에게 대단히 유익한 회화책이며 라오스를 이해하는데 아주 큰 도움이 될것입니다.

이 회화책이 만들어지기까지 도움을 주신분들께 감사드리며 이 회화책으로 라오스개황이나 라오스언어와 한층 더 가까워지는 계기가 되시길 바랍니다.
수고 많이 하셨습니다.
모든 분들의 가정과 사업에 축복과 건승이 함께 하시길 기원 드립니다.

추 천 사

쏨푸 두왕싸완 [Somphou Douansavanh](라-한 의원친선협회장)

서   문
_____

훈련된 삶은 자신을 늙게 만들고, 가슴 뛰는 삶은 자신을 젊고 빛나게 만든다!

자연과 함께 어우러져 숨쉬며 살아가는 순수한 사람들이 사는 나라 라오스. 주변으로부터 라오스 이야기만 나오면 내 얼굴에 생기가 돈다는 말을 듣곤 한다. 10여 년 전 라오스로 떠날 준비를 하면서 이국 생활의 외로움을 달래기 위해 고국의 음악들을 챙겨갔다. 그 음악들을 들으면서 나는 새로운 좋은 기운을 쓸어 모으곤 했다.

부족하지만 풍족함을 즐길 줄 아는 여유 넘치는 사람들, 촌스럽지만 자연스러움의 미를 아는 사람들, 잠시 쉬고 싶으면 편히 쉬어갈수 있게 손 내밀어주던 그곳의 일상과 사람들, 소소한 일상에서 행복을 찾는 그들의 삶이 미치도록 그립다.

내 맘과 눈동자는 늘 그곳을 향해 가슴 뛰고 있다. 오늘도 그립고 늘 그리울 것이다.

이 책은 한국에서 유학하는 라오스 동독국립대학교 교수와 법학 공부를 하는 학생, 라오스 현지에서 2년간 코이카(KOICA) 봉사 활동을 하면서 겪은 본인의 에피소드를 중심으로 만들었으며, 현지인들이 많이 사용하는 언어와 문화에 가까이 다가가기 위해 노력했다.

또한 처음 라오스어를 배우면서 많은 길잡이가 된 실용 라한/한라사전에 수록된 내용을 중심으로 발음을 표기 하였으며, 사전에서 오역된 부분들은 라오스 필자에 의해 현지인이 사용하는 용어로 수정하였다.

이 책이 라오스어 회화에 대한 최소한의 길잡이가 되기를 희망하며, 미진한 부분은 앞으로 독자 여러분의 의견을 반영해 계속 보완해 갈 것이다.

끝으로 집필하는 데 많은 고생을 한 수핀 저자님, 귀국해서 변호사 시험에 합격해서 막 활동을 시작한 싸이싸완 저자님 그리고 아시안허브 최진희 대표님, 그외 이 책을 쓰는 데 뒤에서 도움을 주신 여러분께 감사의 말씀을 드린다.

2018년 12월
변학구
sattonari@gmail.com

⭕ **일상회화** 편

유진(한국인, 여자)
방비엥 여행을 목적으로 라오스를 방문한 호기심 많은 29세의 미혼 여성.

닏(라오스인, 남자)
호텔에서 우연히 만난 유진에게 라오스 문화를 소개해 주는 친절한 라오스 청년.

⭕ **비즈니스회화** 편

민정(한국인, 여자)
한국 중견 게임 개발업체 IT 허브 코리아 팀장 조민정.
탓루앙 IT업체와 게임 개발을 제휴하기 위해 라오스를 방문 중이다.

껨깨우(라오스인, 남자)
라오스 유망 IT회사인 탓루앙 IT 이사 껨깨우.
민정의 제안을 검토해 한국 회사와 첫 계약을 맺었다.

ນຳບ່ອນ

이 책은 라오스 여행을 준비하는 분들과 라오스에서 사업을 계획하는 분들을 위해 쓰였다. 일반 관광객들이 여행지에서 바로 사용할 수 있는 기본적인 회화와 라오스 문화에 대한 정보를 소개하고 있어 사업상 방문하는 분들께는 현지의 특성을 파악해 업무를 진행하는 데 적합한 언어를 사용할 수 있게 도울 것이다.

라오스어는 한글과 어순이 다르기 때문에, 처음 라오스어를 배우는 분들께는 약간 어렵게 느껴질 수도 있지만, 영어와 비슷한 문장 구조로 쉽게 익힐 수 있다. 아울러 라오스의 특성상 국제 개발 활동가와 봉사자의 방문이 많은 점을 고려해 NGO 활동에 관한 문장과 단어들도 함께 담았다.

이 책은 라오스를 여행하는 김유진과 사업차 방문한 조민정이 라오스에서 겪는 상황을 엮은 대화를 바탕으로 다음과 같이 구성하였다.

PART 1에서는 라오스에 대한 소개와 라오스어 자음과 모음 구성, 성조에 대해 알아본다.

PART 2에서는 라오스를 여행하며 만나게 될 다양한 상황에서 필요한 단어와 문장을 담았다. "대화" 부분의 에피소드는 여행하는 중에 누구나 겪을 수 있는 내용으로 현지에서 활용할 수 있다.

PART 3에서는 사업상 라오스 방문을 원하시는 분들을 위한 문장과 정보를 담았다. 문장을 익히는 것도 중요하지만, 대화에 담긴 라오스의 문화와 특성을 잘 알아 둔다면 비즈니스 매너를 지키면서 라오스 사람과 좋은 동반자 관계를 맺는 데 도움이 될 것이다.

⊙ 대화

라오스를 여행하거나 출장 중인 사람들이 겪을 법한 에피소드를 중심으로 대화를 구성해 책에 나온 문장을 현지에서 그대로 사용해 볼 수 있다. 실제 발음과 가장 유사한 한국어로 발음을 표기해 라오스 문자를 익히지 않아도 바로 사용할 수 있다.

⊙ 유용한 표현

각 과의 주제에 맞는 다양한 문장들을 소개한다. "대화"에서 배운 표현을 응용해 여행 및 출장 중에 꼭 필요한 문장을 바로 찾아서 말할 수 있게 정리하였다. 자주 쓰이는 문장으로 구성되어 있어 단어를 바꾸어 유용하게 활용할 수 있다.

⊙ 단어

각 과의 주제에 맞는 단어들을 담고 있어 유용한 표현에 나온 문장들과 함께 새로운 문장을 만들 수 있다. 특히 반복적으로 학습할 수 있도록 단어를 중복 표기하여, 단어를 일일이 찾지 않고 쉽게 접근할 수 있도록 하였다. 새로운 문장을 만들 때는 "문법" 부분을 참고하면 유용하다.

⊙ 문법과 활용

문법을 이해하기 쉽도록 문법 종류별로 한곳에 모았으며, 이 책의 "대화"와 "유용한 표현"의 문장에 담긴 문법을 중심으로 설명했다. 예문을 중심으로 문법을 익힐 수 있다.

⊙ 연습하기

각 과에서 배운 내용을 중심으로 간단한 문제를 담고 있다. 문제를 풀면서 배운 내용을 다시 상기하고, 복습하는 과정을 통해 효율을 높일 수 있다.

⊙ 문화 엿보기

한국인이 라오스에 거주하며 보고 느낀 라오스의 다양한 문화를 소개하고 있다. 다민족 국가의 다양성을 가진 라오스의 사회·문화적 특성이 담긴 내용을 담고 있어 라오스를 이해하는 데 도움이 될 것이다.

⊙ 연습하기 정답

"연습하기"에 있는 문제의 정답을 정리해놓았다.

⊙ 부록

라오스 노선을 취항하는 주요 항공사와 현지 주요 연락처, 싸바이디 라오스어 웹사이트를 소개하였다.

ສາລະບານ
쌀-라반-

PART 1
라오스어 소개 편

PART 2
일상회화 편

PART 3

비즈니스회화 편

라오스어 소개 편

01 | 제1과 라오스 및 라오스어 소개

1-1 라오스 LAOS (ປະເທດລາວ)

인도차이나 반도의 중심, 메콩강을 품고 사는 나라

메콩강은 중국 서남부 윈난성의 티벳 고원에서 발원하여 해발 1,000km 이상 되는 고원지대를 통과하여 인도차이나 반도의 미얀마, 태국, 라오스, 캄보디아, 베트남을 거쳐 남중국해로 빠져나가는 다국적 하천이다. 농업용수와 어족자원, 수력발전에 이르기까지 풍요롭게 살 수 있는 삶의 터전을 제공하며 라오스어로는 "매남콩" 혹은 "남콩"으로 불린다. '매'는 어머니요, '남'은 물이니 메콩강은 '모든 강의 어머니'라고 할 수 있다. 그 길이는 약 4,200km에 달하며, 약 1,898km가 라오스를 관통한다. 라오스는 국토의 70%가 밀림으로 덮여 있고 동남아시아 유일한 내륙 국가로 메콩강의 중심을 품고 있다.

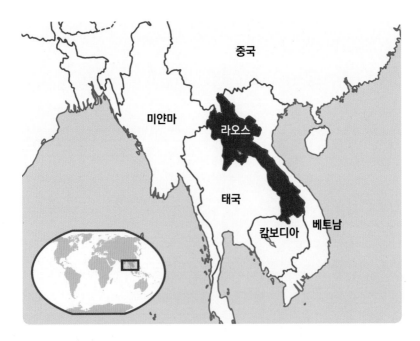

- ■ **국명:** 라오스 (라오 인민민주공화국)
- ■ **위치:** 동남아시아 인도차이나반도 중앙 내륙
- ■ **면적:** 236,800km²(한반도의 약 1.1배)
- ■ **언어:** 라오스어 (태국어와 유사)
- ■ **수도:** 비엔티안
- ■ **인구:** 약 7,004,550명 (2018.12, Worldmeters)
- ■ **종교:** 불교 65%, 기독교 2%, 무교/무신 32%, 기타 1% 등
  (2015년, Lao.UNFPA)
- ■ **민족:** 라오룸(53%), 라오텅(11%), 라오쑹(9%), 기타(27%) 등 49개 소수 민족
  (2015년, Lao.UNFPA)
- ■ **기후:** 아열대 몬순의 영향을 받아 고온다습,
  우기: 5~10월, 건기: 11~4월
- ■ **화폐 단위:** 라오낍(Lao kip, LAK)
- ■ **시간대:** 한국보다 2시간 느림
- ■ **행정구역:** 17개의 주(Province)와 1개의 특별시(Capital)로 구성

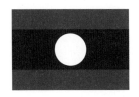

■ **국기**

라오스의 국기는 라오 인민민주공화국의 파테트라오의 기를 바탕으로 1975년 12월 2일에 제정되었다.

청색은 라오스 국토의 광대함과 번영을, 적색은 혁명 투쟁에서 국토를 지키기 위해 흘린 피와 용기를, 흰색 원은 메콩강 위에 떠오른 보름달이며, 라오스인의 순수한 마음과 건강을 상징한다.

1991년-현재

■ **국장**

라오스의 현재 국장은 1991년에 제정되었다. 1975년에 제정된 국장에 그려져 있던 낫과 망치, 별을 탓루앙[탑]으로 바꾼 형태의 디자인이다.

국장 가운데에는 탓루앙이 그려져 있으며 사원 아래쪽에는 아스팔트로 포장된 도로가 그려져 있다. 도로 왼쪽에는 댐이, 오른쪽에는 논이 그려져 있다. 국장 아래쪽에는 톱니바퀴가 그려져 있으며 벼 이삭이 국장의 양쪽을 감싸고 있다. 국장 아래쪽에 그려져 있는 빨간색 리본 가운데에는 라오 인민민주공화국(ສາທາລະນະລັດປະຊາທິປະໄຕປະຊາຊົນລາວ)이라고 쓰여 있는데 이는 라오스 국가의 공식 명칭이다. 양쪽에는 라오스의 국가 표어다. 왼쪽에는 평화, 독립, 민주주의 (ສັນຕິພາບ, ເອກະລາດ, ປະຊາທິປະໄຕ), 오른쪽에는 통일과 번성 (ເອກະພາບ ແລະ ວັດທະນາຖາວອນ)이라고 쓰여 있다.

1975년-1991년

■ **국화**

라오스의 국화는 라오스어로 덕짬빠 [ດອກຈຳປາ]라고 한다. 4~5월에 피며, 불교적 전통적인 의식을 치르거나 바씨 의식을 치를 때 파쿠완으로도 중요하게 사용한다. 라오스에서 가장 사랑 받는 상징적인 꽃으로 새해에는 물축제에 사용되는 물과 함께 불상이나 사람들에게 복을 기원하는데 이용하기도 한다.

라오스어

라오스어는 국가 공용어로 성조가 있다. 성조가 있다는 면에서 태국어와 유사하며 태국
어는 5성이고 라오스어는 6성이다. 태국 일부 지역에서도 쓰이며, 민족이나 언어를 가
리킬 때는 라오족, 라오어라고 한다. 라오스의 '스'는 프랑스 식민시절 라오족을 가리
킬 때 복수형인 Laos를 쓴 것이 정착된 것이며, 라오스에서는 '라오'로 모두 통하고 범
용적으로 사용한다.

■ 역사

라오스어는 고대 수코타이 문자에서 유례되었다. 수코타이 문자는 태국의 수코타이 왕국의
제 3대왕인 람캄행 대왕((1239년~1317년)이 창제한 표음문자이다. 오늘날 쓰이고 있는 태
국 문자는 바로 이 수코타이 문자가 시간이 지남에 따라 개량된 것이다. 옛 태국 문자라고도
할 수 있다. 라오스어 문자는 태국 문자보다 고대 문자처럼 느껴지는데 그것은 태국 문자가
시대에 맞춰 변화한 것에 비해 라오어는 거의 변형되지 않았기 때문이다. 태국 동북부의 이
산 방언과는 사실상 같은 언어로 볼 수 있을 정도로 매우 비슷하며, 20세기 이전에는 이산 방
언도 태국 문자가 아닌 라오 문자로 표기되었다. 그리고 중부와 남부 태국어와 미얀마 동부
의 샨어와도 같은 어족에 속하고 말이 통하기도 한다. 이러한 배경에는 역사적인 배경도 영
향을 끼쳤다고 볼 수 있다.

방송 인프라가 열악한 라오스에서는 국민 대부분이 위성 안테나를 통한 태국 방송매체를 쉽
게 접할 수 있다. 그렇다 보니 태국어를 대다수의 국민들이 알아들을 수 있고, 태국어를 말
하는 사람들도 흔히 볼 수 있다. 다만 태국인들이 라오 문자를 익히는 경우는 상대적으로 적
기 때문에 라오스어와 유사한 단어들을 알아들을 수 있기는 해도, 라오스어로 소통하기에
는 어려움이 있다.

■ 특징

① 기본 문장 구조는 〈주어+동사+목적어〉순으로 영어와 유사하다. 단지 영어의 고유한 명
   사와 같은 Mekong Hotel은 Hotel Mekong, Lao Beer는 Beer Lao, Joma Cafe는
   Cafe Joma와 같은 형식으로 바꿔 쓴다.
② 조사가 없다. 한국어의 조사 "~은/는/이/가"와 같은 주격 조사가 붙지 않기 때문에 외국
   인이 배우기에 어렵지 않다.
③ 띄어쓰기가 없어서 이해하기 어렵게 느껴질 수 있다. 하지만 쉼표가 들어간 부분에는 일
   부 띄어쓰기가 존재한다.
④ 6성이 있으며, 성조에 따라 의미가 달라지므로 문맥에 따른 많은 연습이 필요하다.
⑤ 글자 모양은 태국어와 유사한 모양으로 생겼으며, 태국어는 날카롭고, 라오스어는 둥글
   둥글한 특징이 있다.

■ 라오스어 쓰는 법

라오스어는 자음이 33개, 모음이 28개로 되어 있다. 쓰는 방법은 뱀의 다양한 형상을 글로 표현한 것으로 머리부터 마지막 꼬리까지 그리는 형태로 왼쪽에서 오른쪽으로 써간다. 중간에 머리가 있는 형태는 위에서부터 아래로 순차적으로 완성해 가며 표기한다.

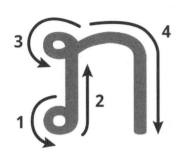

■ 라오스어 기호

기호	라오스어
.	ຈ້ຳເມັດ 쨤멛
,	ຈຸດ 쭏
?	ໝາຍຖາມ 마이-탐-
–	ຂິດຕໍ 낃-떠-
" "	ວົງຢືມ 웡윰-
!	ໝາຍທ້ວງ 마이-투왕-
( )	ວົງເລັບ 웡렙
[	ວົງຂໍ 웡커-
{ }	ວົງປີກກາ 웡삑-까-
/	ຫຼືວ່າ 르-와- / ຂີ້ວ່າ 쑹와-

24

02 | 제2과 자음 (ພະຍັນຊະນະ)

라오스어의 자음은 총 33개로 구성되어 있으며, 27개의 기본 자음과 6개의 특수 자음
으로 구분된다.

2-1 기본 자음 27개

초자음	ກ	ຂ	ຄ	ງ	ຈ	ສ	ຊ	ຍ	ດ
	ㄲ	ㅋ	ㅋ	응어	ㅉ	ㅆ	ㅆ	ㄴ	ㄷ
음가	꺼	커	커	응어 (ng)	쩌	써	써	녀	더
초자음	ຕ	ຖ	ທ	ນ	ບ	ປ	ຜ	ຝ	ພ
	ㄸ	ㅌ	ㅌ	ㄴ	ㅂ	ㅃ	ㅍ	ㅍ	ㅍ
음가	떠	터	터	너	버	뻐	퍼	퍼(f)	퍼
초자음	ຟ	ມ	ຢ	ຣ	ລ	ວ	ຫ	ອ	ຮ
	ㅍ	ㅁ	ㅇ	ㄹ	ㄹ	ㅇ	ㅎ	ㅇ	ㅎ
음가	퍼(f)	머	여	러(R)	러(L)	워(V)	허	어	허

※ ຣ[러] 자음은 외래어 표기에 주로 쓰임.

2-2 특수 자음 6개

복합법	특수 자음	음가
ຫ+ງ= ຫງ	ຫງ	응어
ຫ+ຍ= ຫຍ	ຫຍ	녀
ຫ+ນ= ຫນ	ຫນ/(ໜ)	너
ຫ+ມ= ຫມ	ຫມ(ໝ)	머
ຫ+ລ= ຫຼ	ຫລ(ຫຼ)	러
ຫ+ວ= ຫວ	ຫວ	워

받침으로 쓰이는 자음

자음 받침	자음 받침	종자음
사음(닫힌소리)	ກ	ㄱ
	ດ	ㄷ
	ບ	ㅂ
생음(열린소리)	ງ	ㅇ(ng)
	ຍ	이/야
	ນ	ㄴ
	ມ	ㅁ
	ວ	우/오

2-4

자음 배열

라오스어 자음은 비슷한 문자가 있기 때문에 자음마다 음가와 단어로 구별하여 문장을 만든다. 이 책에서는 일반적인 자음 배열을 무시하고 효율적인 학습을 위해 고자음, 중자음, 저자음순으로 배열하였다. 자음 구분은 라오스어 글자를 배울 때 성조법을 이해하기 위한 필수 조건이다.

■ 고자음과 저자음은 2개의 성조 마이엑 (◌̀)및 마이토 (◌̂) 만 사용된다.
■ 중자음에는 4개의 성조 (◌̀ ◌̂ ◌̃ ◌́ 의 부호)가 모두 사용되지만, ◌̃ ◌́ 는 많이 사용하지 않는다.

2.4.1 고자음 (ອັກສອນສູງ)

고자음	초자음	예문	
ຂ [커]	ㅋ	ເຂົ້າ 카오	쌀, 밥
ສ [써]	ㅆ	ສາມ 쌈-	셋
ຖ [터]	ㅌ	ຖົງ 통	가방, 주머니, 포대
ຜ [퍼]	ㅍ	ໃຜ 파이	누구
ຝ [퍼]	ㅍ(f)	ຝາກ 팍-	맡기다, 위탁하다
ຫ [허]	ㅎ	ໃຫ້ 하이	주다

특수 자음 모두 고자음이 된다			
ຫງ [응어]	응어	ຫມ(ໝ) [머]	ㅁ
ຫຍ [녀]	ㄴ	ຫລ(ຫຼ) [러]	ㄹ
ຫນ/(ໜ) [너]	ㄴ	ຫວ [워]	워

2.4.2 중자음 (ອັກສອນກາງ)

중자음	초자음	예문	
ກ [꺼]	ㄲ	ໄກ່ 까이	닭
ຈ [쩌]	ㅉ	ໃຈ 짜이	마음, 심장
ດ [더]	ㄷ	ດຳ 담	검정
ຕ [떠]	ㄸ	ຕາຍ 따이	죽다
ບ [버]	ㅂ	ບໍ່ 버-	아니다
ປ [뻐]	ㅃ	ເປັນ 뻰	이다
ຍ [여]	ㅇ	ຍາ 야-	약
ອ [어]	ㅇ	ໄອ 아이	기침

27

2.4.3 저자음 (ອັກສອນຕ່ຳ)

저자음	초자음	예문	
ຄ [커]	ㅋ	ຄົນ 콘	사람
ງ [응어]	응어	ໂງ່ 응오-	어리석다
ຊ [써]	ㅆ	ຊ້າ 싸-	늦다
ຍ [녀]	ㄴ	ຍັງ 냥	아직
ທ [터]	ㅌ	ທຳ 탐	행하다, 만들다
ນ [너]	ㄴ	ນາ 나-	논
ພ [퍼]	ㅍ	ພໍ 퍼-	충분하다
ຟ [퍼]	ㅍ(f)	ໄຟ 파이	불
ມ [머]	ㅁ	ມາ 마-	오다
ຣ [러]	ㄹ(R)	ໂປຣໂມເຊິນ 뽀-모-썬-	프로모션
ລ [러]	ㄹ(L)	ແລ່ນ 랜-	뛰다
ວ [워]	ㅇ(V)	ໄວ 와이	빨리
ຮ [허]	ㅎ	ຮີບດ່ວນ 힙-두완-	긴급하다

03 | 제3과 모음 (ສະຫຼະ)

라오스어의 모음은 총 28개로 구성되어 있다. 12개의 단모음과 12개의 장모음, 그리고 4개의 특수 모음으로 구분된다.

3-1 단모음 12개

	Xະ	Xິ	Xຶ	Xຸ	ເXະ	ແXະ
음가	아	이	으	우	에	애
	ໂXະ	ເXາະ	ເXິ	ເXັຍ	ເXຶອ	Xົວະ
음가	오	어	(으)어	이야	으아	우와

※ ເXິ (으)어 표시는 '으'와 '어'의 중간 발음

3-2 장모음 12개

	Xາ	Xີ	Xື	Xູ	ເX	ແX
음가	아-	이-	으-	우-	에-	애-
	ໂX	Xໍ	ເXິ	ເXຍ	ເXຶອ	Xົວ
음가	오-	어-	(으)어-	이야-	으아-	우와-

※ ເXິ (으)어- 표시는 '으'와 '어'의 중간 발음, '-'는 긴 소리를 의미

3-3 특수 모음 4개

	ໄX	ໃX	ເXາ	Xໍາ
음가	아이	아이	아오	암
보기 /뜻	ໄກ 까이 멀다	ໃກ້ 까이 가깝다	ເຂົາ 카오 분, 그녀	ດໍາ 담 검정

복합 모음

복합 모음은 모음과 자음 받침을 결합하는 모음이다. 어떤 장모음, 단모음은 자음 받침과 결합할 때 표기가 바뀌기도 한다. 사음은 '죽은 음'으로 '닫힌 음' 소리가 나며, 생음은 '살아 있는 음'으로 '열린 음' 소리가 난다.

3.4.1 단모음+ 받침= 복합 모음

단모음	음가	표기	단모음+ 받침 — ຕົວສະກົດຕາຍ(사음)			ຕົວສະກົດເປັນ(생음)				
			ກ	ດ	ບ	ງ	ຍ	ນ	ມ	ວ
Xະ	아	Xັx	Xັກ 악	Xັດ 앋	Xັບ 압	Xັງ 앙	– –	Xັນ 안	– –	– –
Xີ	이	Xີx	Xີກ 익	Xີດ 읻	Xີບ 입	Xີງ 잉	– –	Xີນ 인	Xີມ 임	Xີວ 이우
Xື	으	Xືx	Xືກ 윽	Xືດ 읃	Xືບ 읍	Xືງ 응	– –	Xືນ 은	Xືມ 음	– –
Xຸ	우	Xຸx	Xຸກ 욱	Xຸດ 욷	Xຸບ 웁	Xຸງ 웅	Xຸຍ 우이	Xຸນ 운	Xຸມ 움	– –
ເXະ	에	ເXັx	ເXັກ 엑	ເXັດ 엗	ເXັບ 엡	ເXັງ 엥	ເXັຍ 이야	ເXັນ 엔	ເXັມ 엠	ເXັວ 에오/에우
ແXະ	애	ແXັx	ແXັກ 액	ແXັດ 앧	ແXັບ 앱	ແXັງ 앵	– –	ແXັນ 앤	ແXັມ 앰	ແXັວ 애오/애우
ໂXະ	오	Xົx	Xົກ 옥	Xົດ 옫	Xົບ 옵	Xົງ 옹	Xົຍ 오이	Xົນ 온	Xົມ 옴	Xົວ 우와
ເXາະ	어	Xັອx	Xັອກ 억	Xັອດ 얻	Xັອບ 업	Xັອງ 엉	Xັອຍ 어이	Xັອນ 언	Xັອມ 엄	– –
ເXິ	(으)어	ເXິx	ເXິກ (으)억	ເXິດ (으)얻	ເXິບ (으)업	ເXິງ (으)엉	ເXິຍ (으)어이	ເXິນ (으)언	ເXິມ (으)엄	– –
ເXັຽ	이야	Xັຽx	Xັຽກ 이약	Xັຽດ 이얃	Xັຽບ 이얍	Xັຽງ 이양	– –	Xັຽນ 이얀	Xັຽມ 이얌	Xັຽວ 이야우
ເXືອ	으아	ເXືອx	ເXືອກ 으악	ເXືອດ 으앋	ເXືອບ 으압	ເXືອງ 으앙	ເXືອຍ 으아이	ເXືອນ 으안	ເXືອມ 으암	– –
Xົວະ	우와	Xົວx	Xົວກ 우왁	Xົວດ 우왇	Xົວບ 우왑	Xົວງ 우왕	Xົວຍ 우와이	Xົວນ 우완	Xົວມ 우왐	– –

3.4.2 장모음+ 받침= 복합 모음

장모음	음가	표기	ຕົວສະກົດຕາຍ(사음)			ຕົວສະກົດເປັນ(생음)				
			ກ	ດ	ບ	ງ	ຍ	ນ	ມ	ວ
×າ	아-	×າx	×າກ	×າດ	×າບ	×າງ	×າຍ	×ານ	×າມ	×າວ
			악-	앋-	압-	앙-	아이-	안-	암-	아우-/아오-
×ີ	이-	×ີx	×ີກ	×ີດ	×ີບ	×ີງ	-	×ີນ	×ີມ	×ີວ
			익-	읻-	입-	잉-	-	인-	임-	이우-
×ື	으-	×ືx	×ືກ	×ືດ	×ືບ	×ືງ	-	×ືນ	×ືມ	-
			윽-	읃-	읍-	응-	-	은-	음-	-
×ູ	우-	×ູx	×ູກ	×ູດ	×ູບ	×ູງ	×ູຍ	×ູນ	×ູມ	-
			욱-	욷-	웁-	웅-	우이-	운-	움-	-
ເ×	에-	ເ×x	ເ×ກ	ເ×ດ	ເ×ບ	ເ×ງ	ເ×ຍ	ເ×ນ	ເ×ມ	ເ×ວ
			엑-	엗-	엡-	엥-	이야-	엔-	엠-	에오-/에우-
ແ×	애-	ແ×x	ແ×ກ	ແ×ດ	ແ×ບ	ແ×ງ	-	ແ×ນ	ແ×ມ	ແ×ວ
			액-	앧-	앱-	앵-	-	앤-	앰-	애오-/애우-
ໂ×	오-	ໂ×x	ໂ×ກ	ໂ×ດ	ໂ×ບ	ໂ×ງ	ໂ×ຍ	ໂ×ນ	ໂ×ມ	ໂ×ວ
			옥-	옫-	옵-	옹-	오이-	온-	옴-	오우-
×̇	어-	×ອx	×ອກ	×ອດ	×ອບ	×ອງ	×ອຍ	×ອນ	×ອມ	-
			억-	얻-	업-	엉-	어이-	언-	엄-	-
ເ×ິ	(으)어-	ເ×ິx	ເ×ິກ	ເ×ິດ	ເ×ິບ	ເ×ິງ	ເ×ິຍ	ເ×ິນ	ເ×ິມ	-
			(으)억-	(으)얻-	(으)업-	(으)엉-	(으)어이-	(으)언-	(으)엄-	-
ເ×ຍ	이야-	×ຽx	×ຽກ	×ຽດ	×ຽບ	×ຽງ	-	×ຽນ	×ຽມ	×ຽວ
			이약-	이얃-	이얍-	이양-	-	이얀-	이얌-	이야우-
ເ×ຶອ	으아-	ເ×ຶອx	ເ×ຶອກ	ເ×ຶອດ	ເ×ຶອບ	ເ×ຶອງ	ເ×ຶອຍ	ເ×ຶອນ	ເ×ຶອມ	-
			으악-	으앋-	으압-	으앙-	으아이-	으안-	으암-	-
×ົວ	우와-	×ວx	×ວກ	×ວດ	×ວບ	×ວງ	×ວຍ	×ວນ	×ວມ	-
			우왁-	우왇-	우왑-	우왕-	우와이-	우완-	우왐-	-

04 | 제4과 성조

라오스어에서 성조는 자음, 모음과 함께 음절을 구성하는 중요한 요소이다.
성조 부호에 따라 각기 다른 의미를 가지며, 성조 부호가 붙지 않는 '싸만'과 4개의 성조 부호
로 구성된다. 성조 부호와 자음의 음높이에 따라 6성의 성조를 가지고 있다.

4-1 성조 부호

◯	◌̇	◌̂	◌̃	◌̇
ສາມັນ	ໄມ້ເອກ	ໄມ້ໂທ	ໄມ້ຕີ	ໄມ້ຈັດຕະວາ
싸-만	마이엑-	마이토-	마이띠-	마이짠따와-
(부호 없음)	(1성 부호)	(2성 부호)	(3성 부호)	(4성 부호)

◌̃ [마이띠]와 ◌̇ [마이짠따와] 성조 부호는 거의 사용되지 않지만, ◌̃ [마이띠]는 외래어, ◌̇
[마이짠따와]는 고유명사나 강조할 때 간혹 쓰인다. 예를 들면 ແກ໊ດ [깬-, 가스], ດ໋ອກ [
덕-, 강조]처럼 사용된다.

■ 성조 부호에 따른 의미 변화

◯	◌̇	◌̂
ມາ 마-	ມ່າ 마-	ມ້າ 마-
오다	담그다	말(동물)
ປາ 빠-	ປ່າ 빠-	ປ້າ 빠-
물고기, 생선	숲	이모
ເສື່ອ 쓰아-	ເສື່ອ 쓰아-	ເສື່ອ 쓰아-
호랑이	매트리스	옷

기본 성조

4.2.1 성조의 기본 자음과 모음의 분류

자음	고자음	ຂ, ສ, ໜ, ຜ, ຝ, ຫ, ຫງ, ຫຍ, ຫນ(ໜ), ຫມ(ໝ), ຫລ(ຫຼ), ຫວ
	중자음	ກ, ຈ, ດ, ຕ, ບ, ປ, ຍ, ອ
	저자음	ຄ, ງ, ຊ, ຍ, ທ, ນ, ພ, ຟ, ມ, ຣ, ລ, ວ, ຮ
모음	단모음	Xະ, X̆, X̆, X̆, ເXະ, ແXະ, ໂXະ, ເX1ະ, ເX̆, ເຂ̆ຍ, ເX̆ອ, X̆ວະ
	장모음	X1, X̆, X̆, X̆, ເx, ແx, ໂx, x̊, ເx̂, ເxຍ, ເx̂ອ, X̆ວ

4.2.2 성조 구분

1성(평성)	2성	3성	4성	5성	6성
중자음	저자음+2성 부호 중자음+2성 부호 저자음+장모음+사음	저자음	고자음	고자음+1성 부호 중자음+1성 부호 저자음+1성 부호	고자음+2성 부호 고자음+장모음+사음 중자음+장모음+사음
중간 음보다 조금 낮은 수평 발음	높은 톤에서 떨어지는 음	중간 음보다 높은 음에서 끝이 올라가는 발음	중간 음보다 낮은 음에서 끝이 올라가는 발음	중간 음보다 높은 음에서 수평 발음	중간 음보다 높은 음에서 끝이 내려오는 발음
ໄປ 빠이	ເຈົ້າ 짜오 ບ້ານ 반–	ມາ 마–	ຂາຍ 카이–	ໃໝ່ 마이 ໃໝຍ່ 아이	ຂ້ອຍ 커이– ຢາກ 약–

PART 2

일상회화 편

01 제1과 ສະບາຍດິ 안녕하세요
싸바이-디-

대화

ຍູຈິນ
유진:

싸바이-디-.
ສະບາຍດິ.
안녕하세요.

ມິດ
닏:

짜오, 싸바이-디-.
ເຈົ້າ, ສະບາຍດິ.
네, 안녕하세요.

ຍູຈິນ
유진:

짜오쓰-닏맨-버?
ເຈົ້າຂຶ້ນມິດແມ່ນບໍ່?
당신이 닏 씨입니까?

ມິດ
닏:

짜오, 맨-래우-.
ເຈົ້າ, ແມ່ນແລ້ວ.
네, 맞습니다.

ຍູຈິນ
유진:

커이-쓰-유-찐. 닌디-티-후-짝.
ຂ້ອຍຂຶ້ ຍູຈິນ. ຍິນດິທຶ່ຮູ້ຈັກ.
제 이름은 유진입니다. 만나서 반갑습니다.

ມິດ
닏:

닌디-떤-합쑤-빠텔-라오- 썬-낭탕-니.
ຍິນດິຕ້ອນຮັບຂູ່ປະເທດລາວ. ເຊີນນັ້ງທາງນີ້.
라오스에 오신 것을 환영합니다. 이쪽으로 앉으세요.

ຍູຈິນ
유진:

컵-짜이.
ຂອບໃຈ.
감사합니다.

ມິດ
닏:

커-톧-, 짜오낀카오래우-버-?

ຂໍໂທດ, ເຈ້ົາກິນເຂົ້າແລ້ວບໍ່?

실례합니다. 식사하셨습니까?

ຍູຈິນ
유진:

짜오, 낀래우-.

ເຈົ້າ, ກິນແລ້ວ.

네, 먹었습니다.

ມິດ
닏:

칸싼, 듬-까-페-버-?

ຄັນຊັ້ນ, ດື່ມກາເຟບໍ່?

그럼, 커피 한 잔 드릴까요?

ຍູຈິນ
유진:

꺼-디-, 컵-짜이. 다이닌와-까-페-라오-쌥-맨-버-?

ກໍ່ດີ, ຂອບໃຈ. ໄດ້ຍິນວ່າກາເຟລາວແຊບແມ່ນບໍ?

네, 감사합니다. 라오스의 커피가 맛있다면서요?

ມິດ
닏:

짜오, 맨-래우- 렁-듬-벙와-짜쌥-태-버-.

ເຈົ້າ, ແມ່ນແລ້ວ, ລອງດື່ມເບິ່ງວ່າຈະແຊບແທ້ບໍ.

네, 진짜 맛있는지 마시고 확인해보세요.

≡ **Tips!**

인사말

아침, 점심, 저녁 '싸바이디' 하나로 모두 통한다. 여기에 조금 더 격식을 갖추려면 합장하듯 두 손을 모아서 싸바이디라고 하면 된다.

라오스어로 '놉[ນົບ]'이라고 지칭하며 나이, 사회적 지위에 따라 손의 위치도 달라지며, 머리를 살짝 숙여주면 더 좋은 인사법이 될 수 있다.

합장은 인사뿐 아니라 감사를 표시할 때도 사용한다는 것을 기억하자. 이렇게 하면 라오스 사람들에게 좋은 인상을 남길 수 있다.

- 기쁩니다. ດີໃຈ. 디-짜이.
- 반갑습니다. ຍິນດີ. 닌디-.
- 만나서 반갑습니다. ຍິນດີທີ່ຮູ້ຈັກ. 닌디-티-후-짝.
- 감사합니다. ຂອບໃຈ. 컵-짜이.
- 대단히 감사합니다. ຂອບໃຈຫຼາຍໆ. 컵-짜이라이-라이-.
- 천만에요. 환영합니다. ບໍ່ເປັນຫຍັງ. ຍິນດີຕ້ອນຮັບ. 버-뻰냥. 닌디-떤-합.
- 미안합니다. ຂໍໂທດ. 커-톹-.
- 또 만나요. ແລ້ວພົບກັນໃໝ່. 래우-폽깐마이.
- 내일 만나요. ມື້ອື່ນພົບກັນໃໝ່. 므-은폽깐마이.
- 먼저 갑니다. ໄປກ່ອນເດີ. 빠이껀-더-.
- 안녕히 가세요. ໂຊກດີເດີ. 쏙-디-더-.
- 안녕히 주무세요. ນອນລັບຝັນດີເດີ. 넌-랍판디-더-.
- 오랜만이에요. ບໍ່ໄດ້ພົບກັນດົນແລ້ວ. 버-다이폽깐돈래우-.
- 어떠세요, 건강하세요? ເປັນແນວໃດ, ສະບາຍດີບໍ່? 뻰내우-다이, 싸바이-디-버-?
- 잘 지내요. ຢູ່ດີມີແຮງຢູ່. 유-디-미-행유-.
- 어떻게 지내? (친구사이) ເຮ້ຍ! ເປັນແນວໃດ? 허이-! 뻰내우-다이?
- 어떻게 지내세요? ສະບາຍດີບໍ່? 싸바이-디-버-?
- 괜찮습니다. 잘 지내요. ກໍ່ໂອເຄຢູ່. ກໍ່ຢູ່ດີມີແຮງ. 꺼-오-케-유-. 꺼-유-디-미-행-.

네	ເຈົ້າ, ໂດຍ	짜오, 도이-	이름	ຊື່	쓰-
맞다, 그렇다	ແມ່ນ	맨-	기쁘다	ຍິນດີ, ດີໃຈ	닌디-, 디-짜이
반갑다	ຍິນດີທີ່ຮູ້ຈັກ	닌디-티-후-짝	환영합니다	ຍິນດີຕ້ອນຮັບ	닌디-떤-합
라오스, 그(녀)	ລາວ	라오-	나라	ປະເທດ	빠텓-
쪽, 길, 측	ທາງ	탕-	앉으세요	ເຊີນນັ່ງ	썬-낭

38

먹다	ກິນ	낀	이것	ນີ້	니-
그러면	ຄັນຊັ້ນ	칸싼	밥	ເຂົ້າ	카오
커피	ກາເຟ	까-페-	마시다	ດື່ມ	듬-
좋은	ດີ	디-	~도	ກໍ່	꺼-
맛있다	ແຊບ	쌥-	듣기로는	ໄດ້ຍິນວ່າ	다이닌와-
보다	ເບິ່ງ	벙	시도하다	ລອງ	렁-
많다	ຫຼາຍ	라이-	진실하다	ແທ້	태-
새롭다	ໃໝ່	마이	괜찮아요	ບໍ່ເປັນຫຍັງ	버-뺀냥
꿈	ຝັນ	판	운	ໂຊກ	쏙-
힘	ແຮງ	행-	오래된	ດົນ	돈
이다	ເປັນ	뺀	어떻게, 어떤	ແນວໃດ	내우-다이
있다	ຢູ່	유-	있다	ມີ	미-

문법과 활용

▶ 인칭 대명사

라오스어의 인칭 대명사는 듣는이에 따라 높임말과 낮춤말을 구분해서 쓰며, 복수형을 만들 때는 단수형에 'ພວກ 푸왁-'를 붙여쓴다.

1인칭 대명사			
본인, 저, 나	ຂ້າພະເຈົ້າ	카-파짜오	공시문이나 연설하는 경우에 사용
나	ຂ້ອຍ	커이-	남녀노소 상관없이 보편적으로 사용
저	ຂ້ານ້ອຍ	카-너이-	손윗사람과 대화할 때 겸손하게 사용
나	ກູ	꾸-	가까운 친구에게 사용 정중한 상황에서는 무례할 수 있다.

2인칭 대명사			
당신	ເຈົ້າ	짜오	동년배나 윗사람에게 남녀 공용으로 사용
당신, 귀하	ທ່ານ	탄-	윗사람이나 지도자, 공식 파티 손님에게 사용
너	ໂຕ, ມຶງ	또-, 믕	가까운 친구나 아랫사람에게 사용 정중한 상황에서는 무례할 수 있다. 특히 ມຶງ를 사용했을 때다.

3인칭 대명사			
그, 그녀	ລາວ	라오-	남녀 공용으로 사용
그분	ເພິ່ນ	펀	윗사람에게 보편적으로 사용

복수 인칭 대명사 (ພວກ + 1·2·3인칭 대명사)			
우리	ເຮົາ	하오	남녀 공용으로 사용
우리들	ພວກເຮົາ	푸왁-하오	ພວກຂ້ອຍ 푸왁-커이로 사용되기도 함
당신들	ພວກເຈົ້າ	푸왁-짜오	남녀 공용으로 사용
그들	ພວກເຂົາເຈົ້າ	푸왁-카오짜오	남녀 공용으로 사용
그분들	ພວກເພິ່ນ, ພວກລາວ	푸왁-펀, 푸왁-라오-	윗사람이나 지도자, 공식 파티 손님 공시문이나 연설문에 사용

연습하기

그림을 보고 라오스어로 써보자.

① 커피	② 물	③ 밥	④ 간식

다음 문장을 라오스어로 말해보자.

1. 저는 평안합니다. _____

2. 만나서 반갑습니다. _____

3. 식사하셨습니까? _____

4. 오랫동안 만나지 못했습니다.

_____

새벽을 여는 아침 – 탁발 행렬

라오스의 아침은 승려들의 탁발 행렬로 시작한다. 마을이 있는 곳이면 사원이 있고, 사원이 있으면 매일 아침 탁발 수행이 이뤄진다. 라오스말로는 딱받[ຕັກບາດ]이라 부르며 출가 수행자가 발우를 들고 마을로 나가 음식을 공양받는 것을 의미하며 경건하고 진지한 분위기 속에 진행이 된다.

불심 가득한 나라 라오스에서 탁발은 특별한 의미가 있다. 음식을 바치는 이들에겐 욕심을 버리고 베풀 수 있는 기회를, 수행자들에게는 자신의 마음을 낮추게 한다는 뜻을 갖고 있다. 탁발은 단순히 배를 채우는 수단이 아니라 그 자체가 하나의 수행이며, 공양받은 음식의 일부를 가난한 이들에게 베푸는 공생의 가치가 있다.

지금은 관광객들의 흥미로운 볼거리가 되었으며 많은 여행자들이 탁발 행렬을 보기 위해 루앙프라방을 찾는다. 승려의 행렬이 사라진 거리에 태양이 떠오르고 비로소 아침이 활기를 띤다.

02 | 제2과

커이-맨-콘까올리-

ຂ້ອຍແມ່ນຄົນເກົາຫຼີ
저는 한국인이에요

대화

짜오마-짝-빠텟-다이?

ມິດ **ເຈົ້າມາຈາກປະເທດໃດ?**
닏: 어느 나라에서 오셨어요?

커이-마-짝-빠텟-까올리-.

ຍູຈິນ **ຂ້ອຍມາຈາກປະເທດເກົາຫຼີ.**
유진: 한국에서 왔어요.

짜오쓰-낭-?

ມິດ **ເຈົ້າຊື່ຫຍັງ?**
닏: 당신의 이름은 무엇입니까?

커이-쓰-킴유-찐. 짜오데-?

ຍູຈິນ **ຂ້ອຍຊື່ຄິມຍູຈິນ. ເຈົ້າເດ?**
유진: 제 이름은 김유진입니다. 당신은요?

ເດ 데- 는 문장 끝에 붙어 감정을
표현하거나 문장의 어감을 바꿔 주는
조사 '은/는'과 같은 역할을 한다.

- ແມ່ເດ 매-데-
  엄마는요?

- ປະເທດລາວເດ 빠텓-라오-데-
  라오스는요?

- ເຈົ້າເດ 짜오데-
  당신은요?

커이-쓰-닏. 짜오아-뉴짝삐-?

ມິດ
닏:
ຂ້ອຍຊື່ມິດ. ເຈົ້າອາຍຸຈັກປີ?
제 이름은 닏입니다. 몇 살이에요?

커이-아-뉴싸우-까오삐-.

ຍຸຈິນ
유진:
ຂ້ອຍອາຍຸ ຊາວເກົ້າປີ.
스물아홉 살입니다.

짜오마-빠텓-라오-프아-헫낭?

ມິດ
닏:
ເຈົ້າມາປະເທດລາວເພື່ອເຮັດຫຍັງ?
라오스에는 무슨 일로 오셨나요?

커이-마-티야우-왕위양-.

ຍຸຈິນ
유진:
ຂ້ອຍມາທ່ຽວວັງວຽງ.
저는 방비엥에 여행 왔어요.

유용한 표현

- 먼저 제 소개를 하겠습니다.
  ຂ້ອຍຈະແນະນຳຕົວເອງກ່ອນ. 커이-짜내남뚜와-엥-껀-.
- 어떤 일을 하시나요? ເຈົ້າເຮັດວຽກຫຍັງ? 짜오헫위약-낭?
- 어디에 사시나요? ເຈົ້າອາໄສຢູ່ໃສ? 짜오아-싸이-유싸이?
- 서울에 삽니다. ຂ້ອຍຢູ່ໂຊລ. 커이-유-쏠-.
- 처음 왔습니다. ມາຄັ້ງທຳອິດ. 마-캉탐읻.
- 당신 가족은 몇 명이에요? ຄອບຄົວເຈົ້າມີຈັກຄົນ? 컵-쿠와-짜오미-짝콘?
- 우리 가족은 5명입니다. ຄອບຄົວຂ້ອຍມີ 5ຄົນ. 컵-쿠와-커이-미- 하-콘.
- 가족들은 건강하세요? ຄອບຄົວເປັນແນວໃດ? 컵-쿠와-뻰내우-다이?
- 결혼하셨나요? ເຈົ້າແຕ່ງງານແລ້ວບໍ່? 짜오땡-응안-래우-버-?
- 결혼했습니다. ຂ້ອຍແຕ່ງງານແລ້ວ. 커이-땡-응안-래우-.
- 결혼하지 않았습니다. ຂ້ອຍບໍ່ໄດ້ແຕ່ງງານ. 커이-버-다이땡-응안-.
- 미혼입니다. ຂ້ອຍຍັງໂສດຢູ່. 커이-냥쏟-유-.

44

한국 사람	ຄົນເກົາຫລີ	콘까올리-	어느	ໃດ	다이
오다	ມາ	마-	부터	ຈາກ	짝-
이름	ຊື່	쓰-	나라	ປະເທດ	빠텓-
년	ປີ	삐-	나이	ອາຍຸ	아-뉴
여행하다	ທ່ອງທ່ຽວ	텅-티야우-	출장, 여행	ການເດີນທາງ	깐-던-탕-
위하여	ເພື່ອ	프아-	하다	ເຮັດ	헫
무엇	ຫຍັງ	냥	일하다	ເຮັດວຽກ	헫위약-
거주하다	ອາໄສ	아-싸이	살다	ຢູ່	유-
어디	ໃສ	싸이	처음	ຄັ້ງທຳອິດ	캉탐잍
가족	ຄອບຄົວ	컵-쿠와-	얼마나	ຈັກ	짝
결혼하다	ແຕ່ງງານ	땡-응안	이루지 못하다	ບໍ່ໄດ້	버-다이
미혼	ໂສດ	쏟-	주부	ແມ່ບ້ານ	매-반-
주인	ເຈົ້າຂອງ	짜오컹-	농부	ຊາວນາ	싸우-나-
사장	ຫົວໜ້າ	후와-나-	정치가	ນັກການເມືອງ	낙깐-므앙-
학생	ນັກສຶກສາ	낙쓱싸-	교사	ອາຈານ	아-짠-
사업가	ນັກທຸລະກິດ	낙투라낃	의사	ທ່ານໝໍ	탄-머-
공무원, 회사원	ພະນັກງານລັດ	파낙응안-랃	간호사	(ນາງ)ພະຍາບານ	(낭)파냐-반-
자원 봉사자	ອາສາສະໝັກ	아-싸-싸막	공부하다	ຮຽນ	히얀-
한국	ເກົາຫຼີ	까올리-	베트남	ຫວຽດນາມ	위얃-남-
미국	ອາເມລິກາ	아메-리까-	일본	ຍີ່ປຸ່ນ	니-뿐
중국	ຈີນ	찐-	영국	ອັງກິດ	앙낃
프랑스	ຝຣັ່ງ	파랑	태국	ໄທ	타이

▶ 기본 동사 ເປັນ 뻰과 ແມ່ນ 맨-

라오스어로 '~이다'는 ເປັນ 뻰과 ແມ່ນ 맨- 동사로 표현하며 부정문을 만들 때는 동사 앞에 ບໍ່ 버-를 붙이면 된다. 지시대명사 이것 (ອັນ)ນີ້ (안)니-, 저것 (ອັນ)ນັ້ນ (안)난 등은 ແມ່ນ 맨- 동사와 함께 주로 쓰인다.

ເປັນ 뻰	긍정 대답, 의문문, 직업/사람인 경우
당신은 한국 사람입니까? (의문문)	ເຈົ້າເປັນຄົນເກົາຫລິແມ່ນບໍ່? 짜오뻰콘까올리-맨-버-?
네. 저는 한국 사람입니다. (긍정)	ແມ່ນແລ້ວ. ຂ້ອຍເປັນ(ແມ່ນ)ຄົນເກົາຫລິ. 맨-래우-. 커이-뻰(맨-)콘까올리-.
네. 저는 자원봉사자입니다. (긍정)	ແມ່ນແລ້ວ. ຂ້ອຍເປັນ(ແມ່ນ)ອາສາສະໝັກ. 맨-래우-. 커이-뻰(맨-)아-싸-싸막.
그 사람은 학생입니다. (직업)	ລາວເປັນ(ແມ່ນ)ນັກຮຽນ. 라오-뻰(맨-)낙히얀-.
그 사람은 교수입니다. (직업)	ລາວເປັນ(ແມ່ນ)ອາຈານ. 라오-뻰(맨-)아-짠-.

ແມ່ນ 맨-	부정 대답, 공공장소, 시설/사물인 경우
아니오. 저는 프랑스 사람입니다. (부정)	ບໍ່ແມ່ນ. ຂ້ອຍແມ່ນຄົນຝຣັ່ງ. 버-맨-. 커이-맨-콘파랑.
아니오. 그는 의사가 아닙니다. (부정)	ບໍ່ແມ່ນ. ລາວບໍ່ແມ່ນທ່ານໝໍ. 버-맨-. 라오-버-맨-탄-머-.
이것은 학교입니다. (공공시설)	ນີ້ແມ່ນໂຮງຮຽນ. 니-맨-홍-히얀-.
이것은 병원입니다. (공공시설)	ນີ້ແມ່ນໂຮງໝໍ. 니-맨-홍-머-.
저것은 책입니다. (사물)	ນັ້ນແມ່ນປຶ້ມ. 난맨-쁨-.
저것은 컴퓨터입니다. (사물)	ນັ້ນແມ່ນຄອມພິວເຕີ້. 난맨-컴-피우떠-.

연습하기

A 괄호 안에 알맞은 단어를 보기에서 찾아 써보자.

> A. ຊາຍຸ   B. ມັກຣາງມ   C. ປະເທດ   D. ຊື່

1. 당신의 이름은 무엇입니까?

ເຈົ້າ (   ) ຫຍັງ?

2. 어느 나라에서 오셨어요?

ເຈົ້າມາຈາກ (   )ໃດ?

3. 저는 학생입니다.

ຂ້ອຍແມ່ນ (   ).

4. 몇 살이에요?

ເຈົ້າ (   ) ຈັກປີ?

라오스의 가족제도

라오스는 가족과 더불어 공존하는 분위기를 중요시한다. 주로 대가족 구성원을 중심으로 생활을 하기 때문에 삼대(三代) 이상이 함께 사는 경우가 많다. 남자들은 가정의 가장으로 가족의 생계를 책임지고 중요한 일들을 결정하며, 아이들은 아버지의 성을 따른다. 여자들은 매일 음식을 준비하고 아이의 양육이나 교육에 이르기까지 전반적인 집안일을 담당하며 가계부와 연간지출 예산 등은 주로 여자들에 의해 관리된다. 우리나라의 데릴사위 제도와 비슷한 전통을 유지하고 있어서 경제 형편이 여유치 않은 경우 처가댁에서 신부 가족들과 함께 지내는 경우도 흔히 볼 수 있다.

가족 구성원들이 함께 살아가는 모습은 과거 우리나라의 모습과 닮아있다. 하지만 지식수준이 높아져 감에 따라 외지에서 독립 생활하는 이들이 점차 늘어나면서 핵가족화가 수도권을 중심으로 가속화 되어 가고 있다.

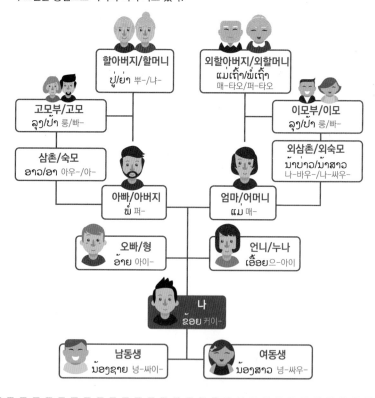

대화

시장에서 ຢູ່ຕະຫຼາດ 유-딸랃-

커-톧- 한-랙-삐얀-응언유-번-다이?

ຢູຈົມ **ຂໍໂທດ. ທ່ານແລກປ່ຽນເງິນຢູ່ບ່ອນໃດ?**
유진: 실례합니다. 환전소가 어디인가요?

억-빠이빠뚜-넉-까이한-까-페-래우-리야우-싸이-더-.

ມິດ **ອອກໄປປະຕູນອອກໃກ້ຮ້ານກາເຟແລ້ວລ້ຽວຊ້າຍເດີ.**
닏: 문 밖으로 나가서 카페 근처에서 왼쪽으로 가세요.

컵-짜이라이-라이-.

ຢູຈົມ **ຂອບໃຈຫຼາຍໆ.**
유진: 감사합니다.

버-뻰냥.

ມິດ **ບໍ່ເປັນຫຍັງ.**
닏: 천만에요.

싸바이-디-. 커-아오응언돌-라-삐얀-응언낍-대-.

ຢູຈົມ **ສະບາຍດີ. ຂໍເອົາເງິນໂດລາປ່ຽນເງິນກີບແດ່.**
유진: 안녕하세요. 달러를 낍으로 환전해 주세요.

짜오짜삐얀-타오다이?

ມິດ **ເຈົ້າຈະປ່ຽນເທົ່າໃດ?**
닏: 얼마를 바꾸시겠어요?

썽-허이-돌-라-.

ຢູຈົມ **ສອງຮ້ອຍໂດລາ.**
유진: 200달러요.

타-붇능. 짝너이-다이.

ມິດ **ຖ້າບິດໜຶ່ງ. ຈັກນ້ອຍໄດ້.**
닏: 잠시만 기다리세요. 바로 바꿔 드릴게요.

49

- 화장실이 어디 있습니까? **ຫ້ອງນ້ຳຢູ່ໃສ?** 헝-남유-싸이?
- 어디에서 만나요? **ພົບກັນຢູ່ໃສ?** 폽깐유-싸이?
- 어느 길로 가야 해요? **ໄປທາງໃດ?** 빠이탕-다이?
- 이 길이 공항으로 가는 길 맞습니까?
  ທາງນີ້ແມ່ນທາງໄປເດີ່ນບິນແມ່ນບໍ່? 탕-니-맨-탕-빠이던-빈맨-버-?
- 근처에 한국 식당이 있습니까?
  ຢູ່ແຖວໃກ້ໆນີ້ມີຮ້ານອາຫານເກົາຫຼີບໍ່?
  유-태우-까이까이니-미-한-아-한-까올리-버-?
- 찾기 쉬운가요? **ຊອກຫາງ່າຍບໍ່?** 썩-하-응아이-버-?
- 무슨 지폐로 드릴까요? **ເຈົ້າຈະເອົາເງິນໃບໃຫຍັງ?** 짜오짜아오응언바이낭?
- 수수료는 1000낍입니다. **ຄ່າທຳນຽມແມ່ນພັນກີບ** 카-탐니얌-맨-판낍-.

돈	ເງິນ	응언	가다	ໄປ	빠이
환전소	ຮ້ານແລກປ່ຽນເງິນ	한-랙-삐얀-응언	장소	ບ່ອນ	번-
장, 짜리	ໃບ	바이	환전하다	ແລກປ່ຽນ	랙-삐얀-
교환하다	ແລກ	랙-	환율	ອັດຕາແລກ	앝따-랙-
가격	ຄ່າ	카-	수수료	ຄ່າທຳນຽມ	카-탐니얌-
나가다	ອອກ	억-	바꾸다	ປ່ຽນ	삐얀-
밖	ນອກ	넉-	문	ປະຕູ	빠뚜-
가게	ຮ້ານ	한-	가깝다	ໃກ້	까이
바라다	ຢໍ	커-	돌다	ລ້ຽວ	리야우-

50

잠시 기다리다	ຖ້າບຶດໜຶ່ງ	타-븐능	가지다	ເອົາ	아오
팔다	ຂາຍ	카이-	달러	ໂດລາ	돌-라-
층	ຊັ້ນ	싼	잠시동안	ຈັກໜ້ອຍ	짝너이-
은행	ທະນາຄານ	타나-칸-	사다	ຊື້	쓰-
건물	ຕຶກ, ອາຄານ	뜩, 아-칸-	묻다	ຖາມ	탐-
주방	ເຮືອນຄົວ	흐안-쿠와-	말하다	ເວົ້າ	와오
방	ຫ້ອງ	헝-	이쪽	ທາງນີ້	탕-니-
시장	ຕະຫຼາດ	딸랃-	저쪽	ທາງນັ້ນ	탕-난
학교	ໂຮງຮຽນ	홍-히얀-	이것	(ອັນ)ນີ້	(안)니-
가게	ຮ້ານ	한-	저것	(ອັນ)ນັ້ນ	(안)난
커피숍	ຮ້ານກາເຟ	한-까-페-	그것	(ອັນ)ພຸ້ນ	(안)푼
모퉁이	ມຸມ, ແຈ	뭄-, 째-	여기	ທີ່ນີ້	티-니-
왼쪽	ທາງຊ້າຍ, ເບື້ອງຊ້າຍ	탕-싸이-, 브앙-싸이-	저기	ທີ່ນັ້ນ	티-난
오른쪽	ທາງຂວາ, ເບື້ອງຂວາ	탕-쿠와-, 브앙-쿠와-	직진	ໄປຊື່ໆ	빠이쓰-쓰-

➡ ຢູ່ 유- 와 ມີ 미-의 활용

ຢູ່ 유-는 '(~에) 있다, 살다, 머물다'라는 동사로 위치/장소 전치사와 함께 사용되며, 형용사/동사의 뒤에서 접속부사의 역할도 한다.

ມີ 미-는 '(~에) 있다, 가지고 있다'라는 동사이지만, 소유의 개념으로 사용된다.

51

주어 + ยู่ 유- + 명사(위치/장소)	(~에) 있다, 살다, 머물다
공항은 어디 있나요?	ເດີ່ນບິນຢູ່ໃສ? 던-빈유-싸이?
아빠는 어디 계시나요?	ພໍ່ຢູ່ໃສ? 퍼-유-싸이?
엄마는 주방에 계세요.	ແມ່ຢູ່ເຮືອນຄົວ. 매-유-흐안-쿠와-.
휴대폰은 가방에 있어요.	ໂທລະສັບຢູ່ໃນກະເປົາ. 토-라쌉유-나이까빠오.
당신의 집은 어디에 있습니까?	ເຮືອນຂອງເຈົ້າຢູ່ໃສ? 흐안-컹-짜오유-싸이?
제 집은 서울에 있습니다.	ເຮືອນຂອງຂ້ອຍຢູ່ໂຊລ. 흐안-컹-커이-유-쏠-.
그녀는 병원에서 일합니다.	ລາວເຮັດວຽກຢູ່ໂຮງໝໍ. 라오-헫위약-유-홍-머-.

형용사/동사 + ຢູ່ 유-	그렇지만, ~이긴 하지만 상반되는 사실을 나타내는 두 문장을 이어줄 때 쓰는 접속부사로, 뒤에 ແຕ່ 때-가 온다.
이 사람은 예쁘지만 성격이 좋지 않다.	ຄົນນີ້ງາມຢູ່ແຕ່ນິໄສບໍ່ດີ. 콘니-응암-유-때-니싸이버-디-.
나는 피자를 먹을 수 있지만 좋아하지 않는다.	ຂ້ອຍກິນພິດສ່າໄດ້ຢູ່ແຕ່ບໍ່ມັກ. 커이-낀핃-싸-다이유-때-버-막.

주어 + ມີ 미-	(~은/는/이/가) 있다, 가지고 있다
내 가족은 7명입니다.	ຄອບຄົວຂອຍມີ 7ຄົນ. 컵-쿠와-커이-미- 쩯콘-.
저는 회의가 있습니다.	ຂ້ອຍມີປະຊຸມ 커이-미-빠쑴.
나는 돈이 많다.	ຂ້ອຍມີເງິນຫຼາຍ 커이-미-응언라이-.
내겐 꿈이 있다.	ຂ້ອຍມີຄວາມຝັນ 커이-미-쿠왐-판.

A 알맞은 단어를 서로 연결해 보자.

A. 앞에   •

B. 이곳에   •

C. 밖에   •

D. 아래에   •

E. 위에   •

F. 안에   •

G. 저곳에   •

H. 그곳에   •

I. 뒤에   •

• a. ຢູ່ນອກ 유-넉-

• b. ຢູ່ເທິງ 유-텅

• c. ຢູ່ໃນ 유-나이

• d. ຢູ່ຫັ້ນ 유-한

• e. ຢູ່ຫັ້າ 유-나-

• f. ຢູ່ລຸ່ມ 유-룸

• g. ຢູ່ນີ້ 유-니-

• h. ຢູ່ຫລັງ 유-랑

• i. ຢູ່ຫຸ້ນ 유-푼

환전 및 환율

환전은 라오스 은행을 비롯한 공항이나 시장 주변의 사설 환전소, 길거리 어디서든 쉽게 할 수 있다. 화폐 가치는 매우 낮아 환전 시 주머니에 넣을 수 없을 정도의 엄청난 돈뭉치를 받게 된다. 태국과의 경제 교류가 많아서 태국 바트화(Baht)가 널리 통용되며, 미국 달러화도 많이 사용된다.

BCEL

퐁싸완 은행

라오스의 화폐 단위는 낍(KIP)이며, 단위는 500낍, 1000낍, 2000낍, 5000낍, 10000 낍, 20000낍, 50000낍, 100000낍 8종류이며, 동전은 없다. 1$는 8500낍 정도이며, 우리돈 1000원이면 7500낍 정도로 생각하면 된다 (2018.12)

500낍 (하-러이-낍-)   1000낍 (능판낍-)

2000낍 (썽-판낍-)   5000낍 (하-판낍-)

10000낍 (씹판낍-)   20000 (싸우-판낍-)

50000 (하-씹판낍-)   100000 (능쌘낍-)

04 제4과

컵-짜이더-
ຂອບໃຈເດ
감사합니다

대화

지도를 보던 유진이
닡의 발을 밟은 상황

ມິດ
닡:

오이-! 쩹.
ໂອຍ! ເຈັບ.
아야! 아파라.

ຍູຈິນ
유진:

커-톧-. 짜오벤냥버-?
ຂໍໂທດ. ເຈົ້າເປັນຫຍັງບໍ່?
죄송합니다. 괜찮으세요?

ມິດ
닡:

버-뼨낭. 안따라이-다이 냥-래우-안-쁨-빠이펌-나.
ບໍ່ເປັນຫຍັງ. ອັນຕະລາຍໄດ ຢ່າງແລ້ວອ່ານປື້ມໄປພ້ອມມະ.
괜찮습니다. 그렇게 책을 보면서 걸으면 위험해요.

ຍູຈິນ
유진:

커이-롱탕- 러이-벙팬-티-. 커-톧-, 커이-커-탐-탕-대-.
**ຂ້ອຍຫຼົງທາງ ເລີຍເບິ່ງແຜ່ນທີ່. ຂໍໂທດ,
ຂ້ອຍຂໍຖາມທາງແດ່.**
길을 잃어버려서 지도를 보던 중이에요. 실례지만, 길 좀 물을게요.

ມິດ
닡:

짜오, 짜오깜랑빠이싸이?
ເຈົ້າ, ເຈົ້າກຳລັງໄປໃສ?
네, 어디로 가던 중이에요?

깜랑빠이왙탇-루왕-. 킫와-유-태우-까이까이니-래.

ยูจิม
유진:
ກຳລັງໄປວັດທາດຫຼວງ. ຄິດວ່າຢູ່ແຖວໃກ້ງນີ້ແຫຼະ.
탓루앙 사원이요. 이 근처인 것 같은데.

아-! 버-까이덕-. 탐잇, 빠이탕-니-쓰-쓰-래우-리야우-싸이-짜오짜헨왙탇-루왕-.

ນິດ
닛:
ອາ! ບໍ່ໄກດ໋ອກ. ທຳອິດ, ໄປທາງນີ້ຊື່ໆ ແລ້ວລ້ຽວຂ້າຍ ເຈົ້າຈະເຫັນວັດທາດຫຼວງ.
아! 여기서 멀지 않아요. 먼저, 이 길로 쭉 가다가 왼쪽으로 가세요.
탓루앙 사원이 보일 겁니다.

컵-짜이더-.

ຍູຈິມ
유진:
ຂອບໃຈເດີ.
감사합니다.

≡ Tips!

- ໆ : 마이쌈 [ໝາຍຊ້ຳ] 기호라 하며, 같은 말을 두번 반복할 때나 강조할 때 쓰인다.
- ຂອບໃຈຫຼາຍໆ 컵-짜이라이-라이- : 정말 감사합니다.
- ໄປຊື່ໆ 빠이쓰-쓰- : 똑바로 가세요.

유용한 표현

- 여자 친구랑 헤어져서 슬퍼요.
  ຂ້ອຍເສຍໃຈເພາະວ່າແຟນເລີກຂ້ອຍ. 커이-씨야-짜이퍼와팬-럭-커이-.
- 마음이 아파요. ຂ້ອຍເຈັບໃຈ. 커이-쩹짜이.
- 그 사람이 너무 가여워요. ລາວໜ້າສົງສານຫຼາຍ. 라오-나-쏭싼-라이-.
- 그 영화는 진짜 무서워요. ໜັງເລື່ອງນັ້ນເປັນຕາຢ້ານ. 낭르앙-난뻰따-얀-.
- 머리가 아파요. ຂ້ອຍເຈັບຫົວ. 커이쩹후와-.
- 당신 얼굴이 창백합니다. ໜ້າຂອງເຈົ້າຊິດ. 나-컹-짜오씯-.
- 너무 슬퍼하지 마세요. ຢ່າໂສກາເສົ້າຫຼາຍ. 야-쏙-싸오라이-.

아프다	ເຈັບ	쩹	괜찮다	ບໍ່ເປັນຫຍັງ	버-뺀냥
위험하다	ອັນຕະລາຍ	안따라이-	걷다	ຍ່າງ	냥-
읽다	ອ່ານ	안-	책	ປຶ້ມ	쁨-
함께	ພ້ອມ	펌-	길을 잃다	ຫຼົງທາງ	롱탕-
따라서 (접속사)	ເລີຍ	러이-	보다	ເບິ່ງ	벙
지도	ແຜນທີ່	팬-티-	질문하다	ຖາມ	탐-
길	ທາງ	탕-	질문	ຄຳຖາມ	캄탐-
~중(현재)	ກຳລັງ	깜랑	~것이다 (미래)	ຈະ	짜
~라고 생각하다	ຄິດວ່າ	킫와-~	멀다	ໄກ	까이
~요, ~예요 (강조)	ດອກ	덕-	먼저	ທຳອິດ	탐잍
직진, 이름	ຊື່	쓰-	보다, 보이다	ເຫັນ	헨
절, 사원	ວັດ	왇	끝나다, 취소하다	ເລິກ	럭-
상심하다, 속상하다	ເສຍໃຈ	씨야-짜이	불안하다	ກັງວົນ	깡원
기쁘다	ດີໃຈ	디-짜이	걱정되다	ຸກໃຈ	욱짜이
재미있다	ມ່ວນ	무완	어지럽다	ວິນທິວ	윈후와-
화나다	ໃຈຮ້າຍ	짜이하이-	지루하다	ເບື່ອ	브아
놀라다	ຕົກໃຈ	똑짜이	긴장되다	ຕຶງຍົດ	뜽키얃-
부끄럽다	ໜ້າອາຍ	나-아이-	좋아하다	ມັກ	막
피곤하다	ເມື່ອຍ	므아이-	좋아하지 않다	ບໍ່ມັກ	버-막
무섭다	ເປັນຕາຍ້ານ	뺀따-얀-	행복하다	ມີຄວາມສຸກ	미-쿠왐-쑥
졸리다	ຫາວນອນ	하우-넌-	불행하다	ບໍ່ມີຄວາມສຸກ	버-미-쿠왐-쑥
외롭다	ເຫງົາ	응아오	게으르다	ຄ້ານ	칸-
창백하다	ຊີດ, ຈືດ	씯-, 쭏-	슬퍼하다	ໂສກເສົ້າ	쏙-싸오

57

■ 과거 시제

과거형	① 〈주어 + 동사 + **ແລ້ວ** 래우-〉 ~했다, ~했었다 ② 〈주어 + **ເຄີຍ** (ㅋ)커이- + 동사〉 ~해본 적이 있다 ③ 〈주어 + **ຫາກໍ** 하-꺼- + 동사〉 방금, 최근 일어난 일 ④ 〈주어 + **ໄດ້** 다이 + 동사〉 ⑤ 과거를 나타내는 시간이 포함되면 과거 시제가 된다.
먹은 줄 알았어요.	ຂ້ອຍຄິດວ່າເຈົ້າກິນແລ້ວ. 커이-킫와-짜오낀래우-.
프랑스어를 배운 적이 있습니다.	ຂ້ອຍເຄີຍຮຽນພາສາຝຣັ່ງ. 커이-크이-히얀-파-싸-파랑.
그는 방금 갔어요.	ລາວຫາກໍໄປ. 라오-하-꺼-빠이.
나는 그를 만났습니다.	ຂ້ອຍໄດ້ພົບກັບລາວ. 커이-다이폽깝라오-.
어제 당신은 학교에 가지 않았나요?	ມື້ວານນີ້, ເຈົ້າບໍ່ໄດ້ໄປໂຮງຮຽນບໍ່? 므안니- 짜오버-다이빠이홍-히얀-버-?

■ 현재 시제

현재 진행형	① 〈주어 + **ກຳລັງ** 깜랑 + 동사 + (목적어)〉 ~하는 중 ② 〈주어 + **ກຳລັງ** 깜랑 + 동사 + **ຢູ່** 유-〉 존재 또는 위치, 본동사를 보조하는 역할 ③ 〈주어 + 동사 + **ຢູ່** 유-〉
망고를 먹고 있습니다.	ຂ້ອຍກຳລັງກິນໝາກມ່ວງ 커이-깜랑낀막-무왕-.
당신을 무엇을 하고 있어요?	ເຈົ້າເຮັດຫຍັງຢູ່? 짜오헫냥유-?
어린이들이 공부하고 있습니다.	ເດັກນ້ອຍກຳລັງອ່ານໜັງສືຢູ່. 덱너이-깜랑-안-낭쓰-유-.
한국어를 공부하고 있습니다.	ຂ້ອຍກຳລັງຮຽນພາສາເກົາຫຼີ. 커이-깜랑히얀-파-싸-까올리-.

58

밥을 먹고 있어요?	ເຈົ້າກຳລັງກິນເຂົ້າບໍ່? 짜오깜랑낀카오버-?
운동하고 있습니다.	ຂ້ອຍກຳລັງອອກກຳລັງກາຍ. 커이-깜랑억-깜랑까이-.
그는 쌀국수를 먹고 있습니다.	ລາວກຳລັງກິນເຝີ. 라오-깜랑낀퍼-.
노래하고 있습니다.	ຂ້ອຍກຳລັງຮ້ອງເພງ. 커이-깜랑-헝-펭-.

➡ 미래 시제

미래형	① 〈주어 + ຈະ 짜 / ຊິ 씨 + 동사〉 ~할 것이다. ② 미래를 나타내는 시간이 포함되면 미래 시제가 된다.

나는 꽝씨 폭포에 놀러 갈 것입니다.	ຂ້ອຍຈະໄປຫຼິ້ນນ້ຳຕົກຕາດກວ້າງຊີ. 커이-짜빠이린-남똑딸-꾸왕-씨-.
나는 시장에 갈 것입니다.	ຂ້ອຍຊິໄປຕະຫຼາດ. 커이-씨빠이딸랃-.
내일 나는 라오스에 갈 것입니다.	ມື້ອື່ນຂ້ອຍຈະໄປລາວ. 므-은-커이-짜빠이라오-.

연습하기

 다음 문장을 라오스어로 말해보자.

1. 그 사람이 너무 가여워요. _____

2. 아버지는 화가 났어요. _____

3. 내가 너무 실력이 없는 것 같아요. _____

4. 나는 지금 외로워요. _____

5. 가족과 헤어져서 슬퍼요. _____

라오스 주권의 상징 - 탓루앙(That Luang)

탓루앙은 '위대한 탑'이라는 뜻을 담고 있다. 라오스어로 탈[ທາດ]은 '탑'을, 루왕[ຫຼວງ]는 '위대한'을 뜻한다. 탓루앙에는 부처님 가슴뼈 사리를 모신 곳으로 전해지며 불교 국가인 라오스에서 가장 신성시 여겨지는 사원으로 꼽힌다. 전설에 의하면 기원전 3세기 인도에서 부처의 유골을 가져온 사자가 세웠다고 한다.

불탑의 원형은 전쟁을 피해 루앙프라방에서 비엔티안으로 수도를 옮긴 셋타티랏 왕(King Setthathilat)이 불심을 모으기 위해 1566년 건설하였으며 황금 450KG을 사용하여 만들어졌다고 한다. 그러나 1828년 씨암(태국)의 침략으로 파괴되고 현재의 불탑은 1930년에 복원하면서 금색으로만 입혔기 때문에 예전의 화려한 느낌을 온전히 내지는 못한다.

중앙 탑은 높이 45m, 가로 67m로 30개의 작은 탑들이 지키고 있으며, 부처가 돌아가실 때 모습을 한 대형 와불상도 볼수가 있다.

라오스 지폐에도 새겨진 불탑으로 매년 11월 초부터 일주일간 계속되는 축제에서는 수천 명의 승려가 모여 탁발을 하고 주변에선 다채로운 공연들이 펼쳐진다.

PART 2 일상회화 편

05 | 제5과

디야우-니-, 짝몽-래우-?

ດຽວນີ້, ຈັກໂມງແລ້ວ?
지금 몇 시예요?

대화

택시 안에서 **ໃນລົດແທັກຊີ** 나이론택-씨-

ຍູຈີນ
유진:

쏘-퍼-. 디야우-니-, 짝몽래우-?

ໂຊເຟີ. ດຽວນີ້, ຈັກໂມງແລ້ວ?
기사님. 지금 몇 시예요?

ໂຊເຟີແທັກຊີ:
택시기사:

쏘-퍼-택-씨- 씹몽-쌈-씹나-티-.

ສິບໂມງສາມສິບນາທີ.
10시 30분입니다.

ຍູຈີນ
유진:

커이-떵-키-ㄴ루루왕-파방-티야우-씹썽-몽-, 쑤와이-빠이와이와이대-.

ຂ້ອຍຕ້ອງຂີ່ຍົນໜ່ອງພະບາງໜ້ອສິບສອງໂມງ, ຂ້ອຍໄປໄວໆແດ່.
루앙프라방행 12시 비행기를 타야 해요. 서둘러 주세요.

ໂຊເຟີແທັກຊີ:
택시기사:

맨-와-! 카오짜이래우-. 빠만-씹몽-씨-씹하-까크-씨헌-래우-.

ແມ່ນທວາ! ເຂົ້າໃຈແລ້ວ. ປະມານສິບໂມງສີ່ສິບຫ້າ
ກະຄິຊິຮອດແລ້ວ.
그래요! 알겠습니다. 10시 45분에는 도착할 수 있을 것 같아요.

ຍູຈີນ
유진:

오-! 카이대-.

ໂອ້! ໄດແດ່.
휴. 다행이네요.

ໂຊເຟີແທັກຊີ:
택시기사:

벙크-씨마-티야우-맨-버-? 약-빠이싸탄-티-텅-티야우-다이?

ເບິ່ງຄືຊິມາທ່ຽວແມ່ນບໍ່?
ຍາກໄປສະຖານທີ່ທ່ອງທ່ຽວໃດ?
여행 왔나 봐요? 어느 관광지에 가고 싶습니까?

61

ຍູຈິນ
유진:

커이-약-빠이남똑딷-꾸왕-씨-깝푸-씨-.
ຂ້ອຍຢາກໄປນ້ຳຕົກຕາດກວາງຊີກັບພູສີ.
꽝씨 폭포와 푸씨산에 가보고 싶습니다.

ໄຊເຟີແທັກຊີ:
택시기사:

커-하이무완-무완-더-.
ຂໍໃຫ້ມ່ວນໆເດີ.
좋은 시간 되시길 바랍니다.

유용한 표현

- 늦었어요. **ມາຊ້າແລ້ວ.** 마-싸-래우-.
- 빨리 오세요. **ມາໄວໆແດ່ເດີ.** 마-와이와이대-더-.
- 몇 시에 만날까요? **ພົບກັນຈັກໂມງເດີ?** 폽깐짝몽-디-?
- 30분 후에 만나요. **ອີກສາມສິບນາທີພົບກັນ.** 익-쌈-씹나-티-폽깐.
- 30분 정도 늦을 것 같아요.
  ຄືຊິຊ້າປະມານສາມສິບນາທີ. 크-씨싸-빠만-쌈-씹나-티-.
- 몇 시까지 오실 수 있으세요?
  ຊິມາຮອດປະມານຈັກໂມງ? 씨마-헏-빠만-짝몽-?
- 보통 몇 시에 일어나세요?
  ປົກກະຕິເຈົ້າຕື່ນນອນຈັກໂມງ? 뽁까띠짜오뜬-넌-짝몽-?
- 아마 7시 45분쯤 갈게요.
  ປະມານເຈັດໂມງສີ່ສິບຫ້າຊິອອກໄປ. 빠만-쩯몽-씨-씹하-씨억-빠이.
- 시간이 없어요. **ບໍ່ມີເວລາ, ບໍ່ທວ່າງ.** 버-미-웰라-, 버-왕-.
- 좀 일찍 오실 수 있으세요? **ມາໄວໄດ້ບໍ່?** 마-와이다이버-?
- 여기서 공항까지 몇 분 걸리나요?
  ແຕ່ນີ້ຮອດເດີ່ນບິນໃຊ້ເວລາຈັກນາທີ? 때-니-헏-던-빈싸이웰-라-짝나-티-?
- 몇 시간이면 끝낼 수 있나요?
  ໃຊ້ເວລາຈັກຊົ່ວໂມງຈຶ່ງຊິແລ້ວ? 싸이웰-라-짝쑤와-몽-쯩씨래우-?

62

한국어	라오어	발음	한국어	라오어	발음
택시	ແທັກຊີ	택-씨-	예전에	ແຕ່ກີ້, ແຕ່ກ່ອນ	때-끼-, 때-껀-
지금	ດຽວນີ້, ຕອນນີ້	디야우-니-, 떤-니-	전에는	ມື້ກ່ອນ	므-껀-
시간	ຊົ່ວໂມງ, ເວລາ	쑤와-몽-, 웰-라	조금 전에	ມື້ກີ້ນີ້	므-끼-니-
내일 아침	ມື້ອົນເຊົ້າ	므-은-싸오	어젯밤에	ມື້ຄືນນີ້	므-큰-니-
시, 시계	ໂມງ	몽-	숫자	ເລກ	렉-
분	ນາທີ	나-티-	폭포	ນ້ຳຕົກຕາດ	남똑딸-
초	ວິນາທີ	위나-티-	어제	ມື້ວານນີ້	므-완-니-
몇	ຈັກ	짝	오늘	ມື້ນີ້	므-니-
30분	ສາມສິບນາທີ, ເຄິ່ງຊົ່ວໂມງ	쌈-씹나-티-, 컹쑤와-몽-	내일	ມື້ອື່ນ	므-은-
정오	ທ່ຽງ	티양-	자정	ທ່ຽງຄືນ , ກາງຄືນ	티양-큰-, 깡-큰-
오전	ບ່າຍເຊົ້າ	바이-싸오	오후	ບ່າຍສວາຍ	바이-쑤와이-
아침	ຕອນເຊົ້າ	떤-싸오	모레	ມື້ຮື	므-흐-
점심	ຕອນສວາຍ	떤-쑤와이-	보통	ປົກກະຕິ	뽁까띠
저녁	ຕອນແລງ	떤-랭-	언제나	ເມື່ອໃດກໍ່ຕາມ	므아-다이꺼-땀-
밤	ຕອນກາງຄືນ	떤-깡-큰-	빨리	ໄວງ	와이와이
다음에	ເທື່ອໜ້າ	트아-나-	천천히	ຊ້າງ	싸-싸-
정도	ປະມານ	빠만-	요즘	ຊ່ວງນີ້	쑤-왕니-
~분 전	ຍັງ	냥	~분 후	ປາຍ	빠이-
한가하지않다	ບໍ່ຫວ່າງ	버-왕-	한가하다	ຫວ່າງ	왕-

63

시간 표현

시	ໂມງ 몽
몇 시입니까?	ຈັກໂມງແລ້ວ? 짝몽-래우-?
오후 1시부터 4시까지 회의가 있어요.	ຕອນແລງຕັ້ງແຕ່ໜຶ່ງໂມງຫາສີ່ໂມງມີປະຊຸມ. 떤-랭-능몽-하-씨-몽-미-빠쏨.

시간 대략	ຊົ່ວໂມງ 쑤와-몽-, ເວລາ 웰-라- ປະມານ 빠만-
비엔티안에서 루앙프라방까지 버스를 타면 얼마나 걸립니까?	ຖ້າຂີ່ລົດເມຕັ້ງແຕ່ວຽງຈັນຫາຫຼວງພະບາງ ໃຊ້ເວລາດົນປານໃດ? 타-키-롣메-땅때-위양-짠하-루왕-파방-싸이웰-라-돈빤-다이?
비행기로 가면 5시간 정도 걸려요.	ຖ້າໄປດ້ວຍຍົນປະມານຫ້າຊົ່ວໂມງ. 타-빠이두와이-논빠만-하-쑤와-몽-.

분 30분	ນາທີ 나-티- ເຄິ່ງ 컹
지금은 11시 30분 입니다.	ຕອນນີ້, ສິບເອັດໂມງເຄິ່ງ. 떤-니, 씹엗몽-컹.
오늘 회의가 9시 30분에 있습니다.	ຕອນເກົ້າໂມງເຄິ່ງ ຂ້ອຍມີປະຊຸມ. 떤까오몽-컹커이-미-빠쏨.

아래 시계의 시간을 라오스어로 써보고 말해보자.

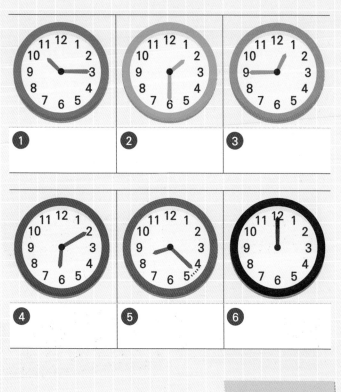

①

②

③

④

⑤

⑥

세계문화 유산 - 루앙프라방(Luang Prabang)

루앙프라방은 수도 비엔티안에서 13번 국도를 따라 북서쪽으로 383km 떨어진 곳으로 메콩강과 칸강이 만나는 지점에 자리한 문화도시다. 프랑스 식민지 시대의 문화와 라오스의 많은 사원들과 전통 유산들이 절묘하게 어울린 작은 도시답게 1995년 도시 전체가 세계문화유산으로 지정됐다. 〈〈뉴욕타임스〉〉지가 2008년 '죽기 전에 꼭 가봐야 할 여행지' 1위로 루앙프라방을 지정하기도 했다. 아름다운 사원, 고풍스런 목재 건물, 프랑스 식민지 시대 때 건설된 유럽식 건축물이 메콩강과 어우러져 있다.

거리는 승려와 아이들, 어슬렁대는 배낭여행자들로 한가롭다. 이들이 만들어내는 자유로움과 순진함, 종교적인 경건함으로 가득 차 있는 도시가 루앙프라방이다. 루앙프라방을 걷다 보면 한쪽 어깨를 내놓은 채 주홍색 장삼을 입고 다니는 소년들을 쉽게 볼 수 있다. 이들은 이제 막 수도를 시작하는 노비스(Novice)로 일종의 견습 승려들이다.
라오스 사람들은 일생에 한 번은 삭발하고 불문에 들어가는 것을 의무이자 미덕으로 여긴다.
짧게는 1~2주간 수행하는 사람도 있지만 형편에 따라 가족들과 떨어져 수년간 공부와 불문을 병행하는 이들도 적지 않다. 사원이 학교로서의 역할도 겸하고 있는 것이다.

루앙프라방에는 약 50여 개의 주요한 사원이 있는데, 이 가운데서도 씨엥통 사원(왓 씨엥통)이 가장 규모가 크고 아름다운 사원으로 꼽힌다. 주요 건물이 라오스 전통 양식으로 건축되어 있는데 붉은 색과 금색의 아름다운 조화, 세 겹의 지붕이 지면 가까이까지 내려온 것이 특징이다. '황금 도시의 사원'이라는 별칭에서 알 수 있듯 크고 작은 사원 건물 내·외부에는 화려한 황금 장식과 각종 보석 장식이 새겨져 있다. '파방'으로 불리는 황금불상은 왕궁박물관 입구 황금사원에 모셔있다.

06 제6과

므아-다이맨-응안-분냐이티-쑫?

ເມື່ອໃດແມ່ນງານບຸນໃຫຍ່ທີ່ສຸດ?
가장 큰 명절은 언제죠?

대화

사원에서 **ຢູ່ວັດ** 유-왇

오-! 콘미-라이-태-.

ຢູຈີນ **ໂອ! ຄົນມີຫຼາຍແທ້.**
유진: 오! 사람들이 정말 많네요.

툭툭완싸오, 콘마-쑤왇-몬부-싸-라이-.

ນິດ **ທຸກໆວັນເສົາ, ຄົນມາສວດມົນບູຊາຫຼາຍ.**
닏: 토요일에는 기도하거나 제사를 지내는 사람들이 항상 많아요.

맨-버-. 커이-킫와-맨-완피쎋-싼덕-.

ຢູຈີນ **ແມ່ນບໍ.**
ຂ້ອຍຄິດວ່າແມ່ນວັນພິເສດຊັ້ນດ່ອກ.
유진: 아, 그렇군요. 특별한 날인 줄 알았어요.

나이쑤왕-텓-싸깐- 콘짜라이-꾸와-니-익-.

ນິດ **ໃນຊ່ວງເທດສະການ**
닏: **ຄົນຈະຫຼາຍກ່ວານີ້ອີກ.**
큰 축제 기간에 더 많은 사람들이 모여요.

맨-와-. 다이닌와-아-틴나-맨-분삐-마이라오-맨-버-? 맨-므-다이너-?

ຢູຈີນ **ແມ່ນຫວາ. ໄດ້ຍິນວ່າອາທິດໜ້າແມ່ນບຸນປີໃໝ່ລາວ**
유진: **ແມ່ນບໍ່, ແມ່ນມື້ໃດນໍ?**
그렇군요. 라오스의 명절 삐마이가 다음 주라고 들었는데, 언제죠?

삐-마이니-짜럼-(똔)때-완파핟, 완티- 씹쌈-드안-씨-.

ນິດ **ປີໃໝ່ນີ້ຈະເລີ່ມ(ຕົ້ນ)ແຕ່ວັນພະຫັດ, ວັນທີ13 ເດືອນ4.**
닏: 이번 삐마이는 4월 13일 목요일부터 시작돼요.

ຢູຈີນ
유진:

쑤왕-텐-싸깐-미-피티-피쎈-냥버-?

ຊ່ວງເທດສະການມີພິທີພິເສດຫຍັງບໍ່?

명절에 하는 특별한 의식이 있나요?

ມິດ
닛:

라이냐웰-라-삐-마이맨-쌈-므-. 유-반-짜헫피티-바-씨-쑤-쿠완.

ໄລຍະເວລາປີໃໝ່ແມ່ນ ສາມມື້.
ຢູ່ບ້ານຈະເຮັດພິທີບາສີສູ່ຂວັນ.

삐마이 기간은 3일이에요. 집에서 바씨 의식을 해요.

ຢູຈີນ
유진:

오-! 뻰므-티-미-쿠왐-마이-너. 크-씨므완-, 커이-꺼-약-미-빠쏩깐-데-.

ໂອ! ເປັນມື້ທີ່ມີຄວາມໝາຍເນາະ. ຄືຊິມ່ວນ,
ຂ້ອຍກໍ່ຢາກມີປະສົບການເດ.

와! 매우 의미 있는 날이네요. 재미있겠네요, 저도 경험하고 싶어요.

ມິດ
닛:

렁-빠이짝트아-벙더-.

ລອງໄປຈັກເທື່ອເບິ່ງເດີ.

한번 가 보세요.

69

- 오늘은 무슨 요일이에요? ມື້ນີ້ແມ່ນວັນຫຍັງ? 므-니-맨-완낭?
- 라오스의 휴일은 무슨 요일인가요?
  ວັນພັກຂອງລາວແມ່ນວັນຫຍັງ? 완팍컹-라오-맨-완낭?
- 금요일에 만나요. ພົບກັນວັນສຸກ. 폽깐완쑥.
- 오늘 토요일입니다. ມື້ນີ້ແມ່ນວັນເສົາ. 므-니-맨-완싸오.
- 당신의 생일은 언제인가요? ວັນເກີດຂອງເຈົ້າມື້ໃດ? 완껃-컹-짜오므-다이?
- 제 생일은 6월 11일입니다.
  ວັນເກີດຂອງຂ້ອຍແມ່ນວັນທີ11 ເດືອນ6. 완껃-컹-커이-맨-완티-씹엗드안-혹.
- 어떤 축제를 가장 좋아하세요? ເຈົ້າມັກບຸນຫຍັງທີ່ສຸດ? 짜오막분냥티-쑫?
- 이 축제에 대해 알려주세요.
  ບອກຂ້ອຍກ່ຽວກັບບຸນນີ້ໃຫ້ແດ່. 벅-커이-끼야우-깝분니-하이대-?
- 새해 복 많이 받으세요. ໂຊກດີປີໃໝ່. 쏙-디-삐-마이.
- 결혼을 축하합니다. ສຸກສັນວັນວິວາ. 쑥싼완위와-.
- 생일 축하합니다. ສຸກສັນວັນເກີດ. 쑥싼완껃-.
- 휴일에 뭐 하실 거예요? ເຈົ້າຊິເຮັດຫຍັງມື້ພັກ? 짜오씨헫냥므-팍?

언제	ເມື່ອໃດ?	므아-다이	시작하다	ເລີ່ມ(ຕົ້ນ)	럼-(똔)
일, 축제	ງານບຸນ	응안-분	크다	ໃຫຍ່	냐이
가장	ທີ່ສຸດ	티-쑫	사람	ຄົນ	콘
정말	ແທ້	태-	매일	ທຸກງວັນ	툭툭완
기도	ສວດມົນ	쑤왇-몬	제사 지내다	ບູຊາ	부-싸-
많다	ຫຼາຍ	라이-	특별하다	ພິເສດ	피쎋-
~보다	ກ່ວາ	꾸와-	더	ອີກ	익-

70

년	ປີ	삐-	큰 축제, 큰 행사	ເທດສະການ	텓-싸깐-
월, 달	ເດືອນ	드안-	의식	ພິທີ	피티-
기간	ໄລຍະເວລາ	라이냐웰-라-	바씨	ບາສີສູ່ຂວັນ	바-씨-쑤-쿠완
의미	ຄວາມໝາຍ	쿠왐-마이-	같다	ຄື	크-
재미있다	ມ່ວນ	무완-	경험	ປະສົບການ	빠쏩깐-
시도하다	ລອງ	렁-	몇번	ຈັກເທື່ອ	짝트아-
일	ວັນ	완	축제	ບຸນ	분
요일	ມື້	므-	새해	ປີໃໝ່	삐-마이
주	ອາທິດ, ສັບປະດາ	아-팉, 쌉빠다-	지난 해	ປີກາຍ	삐-까이-
생일	ວັນເກີດ	완껃-	내년	ປີໜ້າ	삐-나-
결혼	ງານແຕ່ງດອງ	응안-땡-덩-	주다	ເອົາໃຫ້	아오하이
항상	ເປັນປະຈຳ	뻰빠짬	받다	ຮັບ	합
왕궁	ພະລາຊະວັງ	팔라-싸왕	물축제	ບຸນຫົດນ້ຳ	분혿남

문법과 활용

➡ 날짜 표현

월요일	ວັນຈັນ 완짠		어제	ມື້ວານນີ້ 므-완-니-
화요일	ວັນອັງຄານ 완앙칸-		오늘	ມື້ນີ້ 므-니-
수요일	ວັນພຸດ 완푿		내일	ມື້ອື່ນ 므-은-
목요일	ວັນພະຫັດ 완파핟		모레	ມື້ຮື 므-흐-
금요일	ວັນສຸກ 완쑥		그제	ມື້ຊືນ 므-쓴-
토요일	ວັນເສົາ 완싸오			
일요일	ວັນອາທິດ 완아-팉		지난주	ອາທິດແລ້ວ 아-팉래우-
휴일	ວັນພັກ 완팍		이번주	ອາທິດນີ້ 아-팉니-
			다음주	ອາທິດໜ້າ 아-팉나-

71

지난달	ເດືອນແລ້ວ 드안-래우-	1월	ເດືອນໜຶ່ງ 드안-능
이번달	ເດືອນນີ້ 드안-니-	2월	ເດືອນສອງ 드안-썽-
다음달	ເດືອນໜ້າ 드안-나-	3월	ເດືອນສາມ 드안-쌈-
월초	ຕົ້ນເດືອນ 똔드안-	4월	ເດືອນສີ່ 드안-씨-
중순	ກາງເດືອນ 깡-드안-	5월	ເດືອນຫ້າ 드안-하-
월말	ທ້າຍເດືອນ 타이-드안-	6월	ເດືອນຫົກ 드안-혹
		7월	ເດືອນເຈັດ 드안-쩯
봄	ລະດູໃບໄມ້ປົ່ງ 라두-바이마이뽕	8월	ເດືອນແປດ 드안-뺃
여름	ລະດູຮ້ອນ 라두-헌-	9월	ເດືອນເກົ້າ 드안-까오
		10월	ເດືອນສິບ 드안-씹
가을	ລະດູໃບໄມ້ຫຼົ່ນ 라두-바이마이론	11월	ເດືອນສິບເອັດ 드안-씹엗
겨울	ລະດູໜາວ 라두-나우-	12월	ເດືອນສິບສອງ 드안-씹썽-
우기철	ລະດູຝົນ 라두-폰		
건기철	ລະດູແລ້ງ 라두-랭-	새해	ປີໃໝ່ 삐-마이
		올해	ປີນີ້ 삐-니-
		작년	ປີກາຍ 삐-까이-
		내년	ປີໜ້າ 삐-나-

알맞은 단어를 서로 연결해 보자.

A. 8월 •   • a. ເດືອນສາມ 드안-쌈-

B. 4월 •   • b. ເດືອນແປດ 드안-빼ㄷ-

C. 12월 •   • c. ເດືອນຫ້າ 드안-하-

D. 3월 •   • d. ເດືອນຫົກ 드안-혹

E. 6월 •   • e. ເດືອນສິບສອງ 드안-씹썽-

F. 2월 •   • f. ເດືອນເກົ້າ 드안-까오

G. 9월 •   • g. ເດືອນສອງ 드안-썽-

H. 11월 •   • h. ເດືອນເຈັດ 드안-쩰

I. 7월 •   • i. ເດືອນສີ່ 드안-씨-

J. 1월 •   • j. ເດືອນສິບເອັດ 드안-씹엗

K. 10월 •   • k. ເດືອນໜຶ່ງ 드안-능

L. 5월 •   • l. ເດືອນສິບ 드안-씹

문화 엿보기

라오스의 설날 – "분 삐마이 라오"

라오스는 양력 4월 중순이 설날이다. 라오스어로 삐 [ปี]는 해를 뜻하며, 마이 [ใหม่]는 새로움을 뜻한다. 삐마이에는 지난해의 정령과 헤어지고 새해를 맞이하는 가장 큰 축제로 농경사회인 라오스의 비를 기원하는 정령신의 일부가 전통화된 것이 삐마이의 시초이다. 이 기간에는 전국의 학교와 직장이 일손을 잠시 멈추고 일주일 동안 휴가에 들어가고 각지에서 지역색 가득한 새해 행사들이 벌어진다.

연휴 첫째 날에는 대개 집안을 말끔하게 청소를 하며, 둘째 날은 온 가족이 편안히 휴식을 취한다. 셋째 날은 새로운 쏭깐이 오는 날이라고 하여 사원을 방문해 불상에 물을 뿌리는 의식을 치른다. 이는 자신들 스스로에게 행운을 빌고 과거의 불행을 쫓아내기 위해서다.

그리고 삐마이 연휴에는 가족들이 모두 모여 제단에 모셔두었던 불상을 꺼내 함께 물을 뿌린다. 이 의식에 사용되는 물에는 꽃을 뿌려 향기를 내거나 향수를 섞기도 한다. 승려들은 물을 담은 사발에 라오스의 국화인 덕짬빠를 띄워 놓기도 한다. 왕궁 터와 고찰 왓 씨엥통(Wat Xieng Thong) 사원을 무대로 행해지는 전통 방식의 의식을 보면 흥미진진함을 더 느낄 수 있다. 그런데 그 의식이 언제부터인가 물싸움으로 진화했다. 새해맞이 행사 기간 동안 전국 각지의 거리가 물싸움을 즐기는 젊은이들로 떠들썩해지며, 남녀노소와 내국인, 외국인 할 것 없이 동참하여 재미있게 즐기는 축제라 할 수 있다.

07 제7과

안나-라-카-타오다이?
ອັນນີ້ລາຄາເທົ່າໃດ?
이거 얼마예요?

대화

ຍຸຈິນ
유진:

막-마이안니-맨-막-냥녀-?
ໝາກໄມ້ອັນນີ້ແມ່ນໝາກຫຍັງບໍ?
이 과일 이름은 뭐예요?

ແມ່ຄ້າ
상인:

안니-맨-막-훙, 유-까올리-버-미-버-?
ອັນນີ້ແມ່ນໝາກຫຸ່ງ, ຢູ່ເກົາຫຼີບໍ່ມີບໍ່?
그것은 파파야예요. 한국에는 없나요?

ຍຸຈິນ
유진:

짜오, 커이-버-크이-낀짝트아-. 라-카-타오다이너-?
ເຈົ້າ, ຂ້ອຍບໍ່ເຄີຍກິນຈັກເທື່ອ, ລາຄາເທົ່າໃດບໍ?
네, 안 먹어봤어요. 이것은 얼마예요?

ແມ່ຄ້າ
상인:

능낄로-쌍-판낍-. 파-카이-꺼-다이더-.
ໜຶ່ງກິໂລສອງພັນກີບ. ຜ່າຂາຍກໍ່ໄດ້ເດີ.
1kg에 2천낍입니다. 잘라서 팔기도 해요.

ຍຸຈິນ
유진:

막-봄-라-카-타오다이?
ໝາກໂປມລາຄາເທົ່າໃດ?
사과는 얼마인가요?

ແມ່ຄ້າ
상인:

능낄로-씹판낍-.
ໜຶ່ງກິໂລສິບພັນກີບ.
1kg에 만낍입니다.

ຍຸຈິນ
유진:

아오막-봄-쌈-낄로-, 니-더-하-씹판낍-.
ເອົາໝາກໂປມສາມກິໂລ, ນີ້ເດີຫ້າສິບພັນກີບ.
사과 3kg 주세요. 여기 5만낍입니다.

ແມ່ຄ້າ
상인:

짜오, 니-더-응언턴-씹판낍-.
ເຈົ້າ, ນີ້ເດີເງິນທອນສິບພັນກີບ.
네, 잔돈 1만낍 받으세요.

- 얼마예요? ລາຄາເທົ່າໃດ? 라-카-타오다이?
- 1만낍입니다. ລາຄາສິບພັນກີບ. 라-카-씹판낍-.
- 잔돈 있나요? ມີເງິນທອນບໍ່? 미-응언턴-버-?
- 돈 좀 바꿔주세요. ຂໍປ່ຽນເງິນແດ່. 커-삐얀-응언대-.
- 5만낍을 잔돈으로 바꿔주세요.
  ປ່ຽນເງິນນ້ອຍແດ່ຂ້າສິບພັນກີບ. 삐얀-응언너이-대-하-씹판낍-.
- 라오스 화폐 중 가장 큰 돈은 얼마인가요?
  ເງິນລາວໃຫຍ່ທີ່ສຸດແມ່ນໃບເທົ່າໃດ? 응언라오-냐이티-쑫맨-바이타오다이?
- 십만낍입니다. ໃບໜຶ່ງແສນກີບ. 바이능쌘-낍-.
- 이 돈 너무 낡았어요. ເງິນນີ້ເກົ່າໝາຍ. 응언니-까오라이-.
- 새 지폐로 바꿔주세요. ປ່ຽນໃບໃໝ່ໃຫ້ແດ່. 삐얀-바이마이하이대-.
- 은행이 어디 있나요? ທະນາຄານຢູ່ໃສນໍ? 타나-칸-유-싸이너-?
- ATM기기를 사용하고 싶어요. ຂ້ອຍຢາກໃຊ້ ATM. 커이-약-싸이ATM.
- 환전소는 어디 있나요? ບ່ອນແລກປ່ຽນເງິນຢູ່ໃສ? 번-랙-삐얀-응언유-싸이?
- 지금 환율이 어떻게 되죠?
  ຕຽວນີ້, ອັດຕາແລກປ່ຽນເທົ່າໃດ? 디아우-니-, 앋따-랙-삐얀-타오다이?
- 환전을 하고 싶습니다. ຂ້ອຍຢາກປ່ຽນເງິນ. 커이-약-삐얀-응언.
- 깎아주세요. ຫຼຸດລາຄາໃຫ້ແດ່. 룯라-카-하이대-.

단어

이것	ອັນນີ້	안니-	그것	ອັນນັ້ນ	안난
가격	ລາຄາ	라-카-	얼마	ເທົ່າໃດ	타오다이
과일	ໝາກໄມ້	막-마이	무엇	ຫຍັງ	냥
~경험이 있다	ເຄີຍ	(크)커이-	킬로그램	ກິໂລ	낄로-
자르다	ຜ່າ	파-	잘라지다	ຂາດ	칸-

76

나누다	ແບ່ງ	뱅-	거스름돈	ເງິນທອນ	응언턴-
~도	ກໍ່	꺼-	환전소	ບ່ອນແລກປ່ຽນເງິນ	번-랙-삐얀-응언
있다	ມີ	미-	장, 짜리	ໃບ	바이
없다	ບໍ່ມີ	버-미-	깎아주다	ຫຼຸດລາຄາໃຫ້	룬라-카-하이-
사용하다	ໃຊ້	싸이	낡다	ເກົ່າ	까오
하다, 만들다	ເຮັດ	헫	앉다	ນັ່ງ	낭
가다	ໄປ	빠이	사다	ຊື້	쓰-
보다	ເບິ່ງ	벙	롱간(과일)	ໝາກຍ່າໄຍ	막-냠-나이
바나나	ໝາກກ້ວຍ	막-꾸와이-	토마토	ໝາກເລັ່ນ	막-랜
사과	ໝາກໂປມ	막-뽐	오이	ໝາກແຕ່ງ	막-땡
배	ໝາກສາລີ່	막-쌀-리-	당근	ແຄຣອດ	캐-럳
수박	ໝາກໂມ	막-모-	파인애플	ໝາກນັດ	막-낟
파파야	ໝາກຫຸ່ງ	막-훙	망고	ໝາກມ່ວງ	막-무왕-
오렌지	ໝາກກ້ຽງ	막-끼양-	레몬	ໝາກນາວ	막-나우-
포도	ໝາກອະງຸ່ນ	막-아응운	코코넛	ໝາກພ້າວ	막-파우-
망고스틴	ໝາກມັງຄຸດ	막-망쿤	딸기	ສະຕໍບີລີ	싸떠-버-리-

문법과 활용

의문사

대상이 되는 사물이나 사태를 지시하는 말로 주로 뒤에 놓이지만, 지시하는 말을 강조하는 경우에는 앞에 쓰기도 한다.

	의문사		예	
누구	ໃຜ	파이	누구세요? ແມ່ນໃຜ?	맨-파이?
누가	ຜູ້ໃດ	푸-다이	누가 주셨어요? ເອົາໃຫ້ຜູ້ໃດ?	아오하이푸-다이?

누구의	ຂອງໃຜ 컹-파이	누구의 자동차인가요? ລົດຂອງໃຜນໍ? 롣컹-파이너-?
어느	ໃດ 다이 ອັນໃດ 안다이	어느 나라에 갈 거예요? ຈະໄປປະເທດໃດ? 짜빠이빠텥-다이?
언제	ເມື່ອໃດ 므아-다이	언제 돌아오세요? ຈະກັບມາເມື່ອໃດ? 짜깝마-므아-다이?
어디서	ຢູ່ໃສ 유-싸이, ບ່ອນໃດ 번-다이	어디서 만나셨나요? ພົບກັນຢູ່ໃສ? 폽깐유-싸이?
무엇을	ຫຍັງ 냥-	무엇을 하고 있어요? ກຳລັງເຮັດຫຍັງ? 깜랑헫냥?
어떻게 (방법)	ແບບໃດ 내우-다이, ຈັ່ງໃດ 짱다이	어떻게 먹어요? ກິນແບບໃດ? 낀내우-다이?
어떻게 (상태)	ເປັນແບບໃດ 뻰내우-다이	라오스 음식 어때요? ອາຫານລາວເປັນແບບໃດ? 아-한-라오-뻰내우-다이?
왜	ເປັນຫຍັງ 뻰냥	왜 늦게 왔어요? ເປັນຫຍັງຄືມາຊ້າແທ້? 뻰냥크-마-싸-태-?
몇	ຈັກ 짝	몇 명입니까? ມີຈັກຄົນ? 미-짝콘?

 주어진 문장을 라오스어로 바꿔 말해보자.

1. 사과 10개에 얼마예요? _____

2. 잔돈 1만낍입니다. 받으세요. _____

3. 망고 한 박스는 3만낍입니다. _____

4. 사과가 비싸요. 깎아주세요. _____

아침시장

라오스 사람들의 삶을 가장 가까이서 볼 수 있는 곳이 시장이다. 동네마다 크고 작은 재래시장이 발달되어 있다. 신선한 재료들을 구할 수 있어서 아침시장은 늘 활기를 띤다. 우리의 전통 시장과 비슷해서 상인들과 대화를 주고받다 보면 사람에 대한 관심과 애정이 솟아나 푸근한 기분에 휩싸인다.

특별히 관광객들이 살 만한 물건은 없지만 신선한 재료들이 즐비하고 보는 재미가 있다. 그들의 일상을 들여다보며, 여유로움을 느끼고 정겹게 살아가는 그들의 삶을 발견할 수 있다.

보통 이른 새벽에 열려 오전 10시가 넘으면 슬슬 파장하는 분위기이다.

08

제8과 **ແພງຫຼາຍ**
팽-라이-
너무 비싸요

대화

ຍູຈົມ
유진:

커이-약-쓰-쑨픈-반-컹-라오-.
ຂ້ອຍຢາກຊື້ຊຸດພື້ນບ້ານຂອງລາວ.
라오스 전통의상을 사고 싶어요.

ແມ່ຄ້າ
상인:

매-카-
칸싼, 썬-르악-벙다이러이-.
ຄັນຊັ້ນ, ເຊີນເລືອກເບິ່ງໄດ້ເລີຍ.
그럼, 여기서 골라 보세요.

ຍູຈົມ
유진:

파-니-쿤나팝-디-너. 라-카-타오다이너-?
ຜ້ານີ້ຄຸນນະພາບດີນໍ! ລາຄາເທົ່າໃດນໍ?
이 옷감이 좋군요. 얼마예요?

ແມ່ຄ້າ
상인:

쓰아-깝씬라-카-탕몯뺃-쌘-낍-.
ເສື້ອກັບສິ້ນລາຄາທັງໝົດແປດແສນກີບ.
티셔츠와 치마 모두 80만낍입니다.

ຍູຈົມ
유진:

크-팽-태-. 룯하이대-.
ຄືແພງແທ້. ຫຼຸດໃຫ້ແດ່.
비싸네요. 깎아주세요.

ແມ່ຄ້າ
상인:

씨카이-툭-툭-하이. 하오까버-다이냥라이-.
ຂ້ຂາຍຖືກໆໃຫ້. ເຮົາກະບໍ່ໄດ້ຫຍັງຫຼາຍ.
싸게 파는 거예요. 우리도 남는 게 없어요.

ຍູຈົມ
유진:

칸싼 룯하이너이-능꺼-다이.
ຄັນຊັ້ນ, ຫຼຸດໃຫ້ໜ້ອຍໜຶ່ງກໍ່ໄດ້.
그래도 조금만 깎아주세요.

ແມ່ຄ້າ
상인:

오-케-. 커이-씨하이쩯쌘-낍-니-래.
ໂອເຄ. ຂ້ອຍຊິໃຫ້ເຈັດແສນກີບນີ້ແຫຼະ.
네. 70만낍으로 해드릴게요.

- 깎아주세요. ຫຼຸດໃຫ້ແດ່ 룻하이대-.
- 싸게 주세요. ຂາຍຖືກໆໃຫ້ແດ່ 카이-특-특하이대-.
- 이 티셔츠 입어봐도 돼요? ລອງນຸ່ງເສື້ອໄດ້ບໍ່? 렁-눙쓰아-다이버-?
- 네, 입어봐도 돼요. ເຈົ້າ, ນຸ່ງລອງໂລດເດີ. 짜오, 눙렁-롣-더-.
- 이 신발 가격은 얼마예요?
  ລາຄາເກີບນີ້ແມ່ນເທົ່າໃດ? 라-카-껍-니-맨-타오다이?
- 이 바지는 어떻게 팔아요? ໂສ້ງນີ້ຂາຍຈັ່ງໃດ? 쏭-니-카이-짱다이?

단어

원한다	ຍາກ	약-	사다	ຊື້	쓰-
세트, 벌	ຊຸດ	쑫	전통	ພື້ນບ້ານ	픈-반-
상인	ແມ່ຄ້າ	매-카-	제발, 초대하다	ເຊີນ	썬-
그러면	ຄັນຊັ້ນ	칸싼	보다	ເບິ່ງ	벙
뽑다, 선택하다	(ຄັດ)ເລືອກ	(칻)르악-	천, 옷감, 번개	ຜ້າ	파-
어조사(허락)	ເລີຍ	러이-,	옷, 티셔츠	ເສື້ອ	쓰아-
질, 품질	ຄຸນນະພາບ	쿤나팝-	얼마	ເທົ່າໃດ	타오다이
모두	ທັງໝົດ	탕몯	팔다	ຂາຍ	카이-
아주 싸게	ຖືກໆ	특-특-	거의, 예상하다	ກະ	까
조금	ໜ້ອຍໜຶ່ງ	너이-능	불가능하다	ບໍ່ໄດ້	버-다이
주다, 제공하다	ໃຫ້	하이	~이하의, 더낮게	ຫຼຸດ	룻
시도하다	ລອງ	렁-	입다	ໃສ່, ນຸ່ງ	싸이, 눙
어조사(허락)	ໂລດ	롣-	신발	ເກີບ	껍-

81

바지	ໂສ້ງ	쏭-	어떻게	ຈັ່ງໃດ	짱다이
치마	ສິ້ນ, ກະໂປ່ງ	씬, 까뽕-	이윤	ກຳໄລ	깜라이
비싼	ແພງ	팽-	싸다, 맞다	ຖືກ	특-
상점	ຮ້ານ	한-	가게 주인	ເຈົ້າຂອງຮ້ານ	짜오컹-한-
사용, 용도	ໃຊ້	싸이	소매점	ຮ້ານຂາຍຍ່ອຍ	한-카이-녀이
비용	ຄ່າໃຊ້ຈ່າຍ	카-싸이짜이-	도매점	ຮ້ານຂາຍສົ່ງ, ຮ້ານຂາຍຍົກ	한-카이-쏭, 한-카이-뇩
빨강	ສີແດງ	씨-댕-	회색	ສີເທົາ	씨-타오
파랑	ສີຟ້າ	씨-파-	분홍	ສີບົວ, ສີຊົມພູ	씨-부와, 씨-쏨푸-
초록	ສີຂຽວ	씨-키야우-	주황	ສີສົ້ມ	씨-쏨
연한	ສີອ່ອນ	씨-언-	보라	ສີມ່ວງ	씨-무왕-
노랑	ສີເຫຼືອງ	씨-르앙-	하양	ສີຂາວ	씨-카우-
갈색	ສີນ້ຳຕານ	씨-남딴-	검정	ສີດຳ	씨-담

문법과 활용

➡ 수량사

라오스어의 모든 명사는 수량사를 가지고 있으며, 대상물을 의미하기도 하며 수식하는 역할을 하기도 한다. 표현 방법은 한국어와 같이 숫자 + 수량사 순으로 말하면 된다.

수량사		예	
~명	ຄົນ 콘	두 명	ສອງຄົນ 썽-콘
~개	ອັນ 안	가위 두 개	ມີດຕັດສອງອັນ 믿-딷쏭-안
~개,~대	ໜ່ວຍ 누와이-	망고 열 개	ໝາກມ່ວງສິບໜ່ວຍ 막-무왕-씹누와이-
~권	ເຫຼັ້ມ 렘, ຫົວ 후와-	책 세 권	ປຶ້ມສາມຫົວ 쁨-쌈-후와-

82

~대	ถัน 칸	자전거 두 대	ລົດຖີບສອງຄັນ 롣팁-썽-칸
~마리	ໂຕ 또-	게 네 마리	ປູສີໂຕ 뿌-씨-또-
~병	ແກ້ວ 깨우-	음료 한 병	ເຄື່ອງດື່ມໜຶ່ງແກ້ວ 크앙-듬-능깨우-
~캔/	ປ໋ອງ 뻥-	맥주 두 캔	ເບຍສອງປ໋ອງ 비야-썽-뻥-
~잔	ຈອກ 쩍-	물 한 잔	ນ້ຳໜຶ່ງຈອກ 남능쩍-
~개, ~덩어리	ກ້ອນ 껀-	비누 한 개	ສະບູໜຶ່ງກ້ອນ 싸부-능껀-
~짝, ~켤레	ຄູ່ 쿠-	양말 한 켤레	ຖົງຕີນໜຶ່ງຄູ່ 통띤-능쿠-
~벌	ຊຸດ 쑫	양복 한 벌	ຊຸດໜຶ່ງຊຸດ 쑫능쑫
~갑, ~장	ຊອງ 썽-	담배 한 갑	ຢາສູບໜຶ່ງຊອງ 야-쑵-능썽-
~장	ຜືນ 픈	수건 한 장	ຜ້າເຊັດໜຶ່ງຜືນ 파-쎋능픈
~방, ~개, ~실	ຫ້ອງ 헝-	침실 세 개	ຫ້ອງນອນສາມຫ້ອງ 헝-넌-쌈-헝-
~채, ~동	ຫຼັງ 랑	집 한 채	ເຮືອນໜຶ່ງຫຼັງ 흐안-능랑
~장	ໃບ 바이	종이 한 장	ເຈ້ຍໜຶ່ງໃບ 찌야-능바이
~알, ~정, ~개	ເມັດ 멛	알약 다섯 개	ຢາຫ້າເມັດ 야-하-멛

연습하기

 알맞은 문장을 서로 연결해보자.

A. 이 티셔츠 입어봐도 돼요? •

• a. ທ່ງຫມິດໜຶ່ງແສນກີບ
탕몬능쌘-깁-

B. 네, 입어봐도 돼요. •

• b. ເຫຶອຫ້າຊີມາໃຫມ່
트아-나-씨마-마이

C. 치마는 80만낍입니다. •

• c. ສິ້ນລາຄາ ແປດແສນກີບ
씬라-카-뺃-쌘-깁-

D. 좀 비싸요. 깎아줄 수 있나요? •

• d. ກະເປົາໜຶ່ງໜ່ວຍ, ໝວກໜຶ່ງໜ່ວຍເທົາໃດ?
까빠오능누와이-, 무왁-능누와이-타오다이?

E. 정가입니다. 깎아줄 수 없어요. •

• e. ລາຄາຂາຍແລ້ວ. ຫຼຸດໃຫ້ບໍ່ໄດ້.
라-카-카이-래우-. 룯하이버-다이

F. 다음에 다시 올게요. •

• f. ເຈົ້າ, ລອງນຸ່ງໄດ້
짜오, 렁-능다이

G. 가방 하나, 모자 하나에 얼마예요? •

• g. ຂ້ອຍຂ້າງແພງເນາະ. ຫຼຸດໃຫ້ໄດ້ບໍ່?
컨-캉-팽-너. 룯하이다이버-?

H. 총 10만낍입니다. •

• h. ເສື້ອໂຕນີ້ລອງນຸ່ງໄດ້ບໍ່?
쓰아-또-니-렁-능다이버-?

84

전통의상 "씬" 에 대해서

우리나라에서 특별한 행사가 있는 날에 한복을 입는다면 라오스는 씬[ຊິ່ນ]이라는 길이 가 긴 전통 치마를 입는다. 우리가 한복 입는 빈도에 비하면 라오스 전통의상 씬은 특별한 날 이외에 기본적인 예의를 갖추어야 하는 자리나 회사 출근할 때 정장으로도 즐겨 입는다.

천의 종류와 형태에 따라 가격이 천차만별이며 기성복 형태로 몸에 맞게 입을 수도 있지만 보다 더 예쁘게 입으려면 원하는 천을 직접 구매해서 맞추는 게 좋다. 라오스 어디서든 초·중·고·대학생들을 비롯해서 직장인들이 입고 다니는 생활 속의 의류로 어디서든 쉽게 목격할 수 있다. 특히 라오스 북쪽 지방에서는 전통적인 방법으로 제품들을 직접 만들어서 팔기도 하고, 집집마다 옷감을 짜는 배틀을 쉽게 목격할 수도 있다.
특히 외국인 여성이 방문 행사로 씬을 입게 된다면 그들에게 좋은 이미지를 심어줄 수 있다.

09 | 제9과

약-다이뱁-다이?

ຍາກໄດ້ແບບໃດ?

어떤 스타일을 원하세요?

대화

의상실에서

ຢູ່ທີ່ຮ້ານຕັດເຄື່ອງ 유-티-한-딸크앙-

쌍-딸크앙-
ຊ່າງຕັດເຄື່ອງ
재단사:

약-다이뱁-다이? 벙흡- 래 르악-러이-더-.
ຍາກໄດ້ແບບໃດ? ເບິ່ງຮູບ ແລະ ເລືອກເລີຍເຄີ.
어떤 디자인을 원하시나요? 사진을 보고 고르세요.

억-뱁-니-특-짜이유- 때-와-헫싼꾸와-니-짝너이-다이버-?
ຢູຈິນ
유진:
ອອກແບບນີ້ຖືກໃຈຢູ່ ແຕ່ວ່າເຮັດສັ້ນກວ່ານີ້ຈັກໜ້ອຍໄດ້ບໍ່?
이 디자인이 마음에 들어요. 그런데 조금 더 짧게 해줄 수 있을까요?

다이, 빠만-쌈니-다이버-?
ຊ່າງຕັດເຄື່ອງ
재단사:
ໄດ້, ປະມານສຳນີ້ໄດ້ບໍ່?
물론이죠, 이 정도면 될까요?

짜오, 다이래우-.
ຢູຈິນ
유진:
ເຈົ້າ, ໄດ້ແລ້ວ.
네, 좋아요.

씬데- 짜아오싸따이-뱁-다이?
ຊ່າງຕັດເຄື່ອງ
재단사:
ສິ້ນເດ ຈະເອົາສະຕາຍລ໌ແບບໃດ?
치마는 어떤 스타일로 할까요?

아오뱁-픈-므앙-라오-하이대-더-.
ຢູຈິນ
유진:
ເອົາແບບພື້ນເມືອງລາວໃຫ້ແດ່ເຄີ.
라오스 전통 스타일로 디자인해 주세요.

ຊ່າງຕັດເຄື່ອງ
재단사:

칸싼, 짜커-택-카낟-벙껀-. 썬-마-연-탕-단-쿠와-므-더-.

ຄັນຊັ້ນ, ຈະຂໍແທກຂະໜາດເບິ່ງກ່ອນ.
ເຊີນມາຢືນທາງດ້ານຂວາມືເຄີ.

그럼, 먼저 치수를 재볼게요. 오른쪽을 보고 서 주세요.

ຍູ່ຈີນ
유진:

짜오, 헬응암-응암-하이데-더-.

ເຈົ້າ, ເຮັດງາມໆໃຫ້ແດ່ເຄີ.

네. 예쁘게 만들어주세요.

유용한 표현

- 어느 쪽에 있습니까? **ມີຢູ່ທາງໃດ?** 미-유-탕-다이?
- 이쪽으로 오세요. **ເຊີນມາທາງນີ້ເຄີ.** 썬-마-탕-니-더-.
- 오른쪽으로 가세요. **ເຊີນໄປທາງດ້ານຂວາມືເຄີ.** 썬-빠이탕-단-쿠와-므-.
- 왼쪽을 보세요. **ເບິ່ງທາງດ້ານຊ້າຍມືແມະ.** 벙탕-단-싸이-므-매.
- 아래층에 있습니다. **ມີຢູ່ທາງຊັ້ນລຸ່ມ.** 미-유-탕-싼룸.
- 북쪽 지역은 춥습니다. **ຢູ່ເຂດເໜືອໜາວ.** 유-켇-느아-나우-.
- 남쪽 지역은 더워요. **ຢູ່ເຂດໃຕ້ຮ້ອນ.** 유-켇-따이헌-.
- 라오스는 태국의 동쪽에 있습니다.
  ປະເທດລາວຢູ່ທາງທິດຕາເວັນອອກຂອງປະເທດໄທ.
  빠텓-라오-유-탕-틷따-웬억-컹-빠텓-타이.
- 아래층으로 가면 안돼요. **ລົງໄປທາງຊັ້ນລຸ່ມບໍ່ໄດ້.** 롱-빠이탕-싼룸버-다이.
- 주차장은 정문 왼쪽 길로 가면 보입니다.
  ໄປຕາມທາງປະຕູໜ້າດ້ານຊ້າຍຊິເຫັນບ່ອນຈອດລົດ.
  빠이땀-탕-빠뚜-나-단-싸이-씨헨번-쩓-롣.
- 위로 올라가세요. **ເຊີນໄປດ້ານເທິງ.** 썬-빠이단-텅.
- 여기는 주차금지 구역입니다.
  ຫ້າມຈອດລົດໃນບໍລິເວນນີ້. 함-쩓-롣나이버-리웬-니-.

단어

자르다	ຕັດ	딷	물건, 옷, 기계	ເຄື່ອງ	크앙-
디자인	ອອກແບບ	억-뱁-	디자이너	ຜູ້ອອກແບບ	푸-억-뱁-
의상실	ຮ້ານຕັດເຄື່ອງ	한-딷크앙-	재단사	ຊ່າງຕັດເຄື່ອງ	쌍-딷크앙-
보다	ເບິ່ງ	벙	사진	ຮູບ	훕-
원하다	ຢາກ	약-	마음에 들다	ຖືກໃຈ	특-짜이
짧다	ສັ້ນ	싼	대략, 아마도	ປະມານ	빠만-
치마	ສິ້ນ	씬	스타일	ສະຕາຍລ	싸따이-
이 정도	ສໍ່ນີ້	쌈니-	전통적, 토속적	ພື້ນເມືອງ	픈-므앙-
크기	ຂະໜາດ	카낟-	측정하다	ແທກ	택-
서다, 서 있다	ຢືນ	연-	만들다	ເຮັດ	헫
길, 방면, 도로	ທາງ	탕-	방향, 측, 분야	ດ້ານ	단-
왼쪽	ທາງຊ້າຍ	탕-싸이-	오른쪽	ທາງຂວາ	탕-쿠와-
동쪽	ທິດຕາເວັນອອກ	틷따-웬억-	서쪽	ທິດຕາເວັນຕົກ	틷따-웬똑
남쪽	ທິດໃຕ້	틷따이	북쪽	ທິດເໜືອ	틷느아-
위에	ທາງເທິງ	탕-텅	아래	ທາງລຸ່ມ	탕-룸
아래층	ຊັ້ນລຸ່ມ	싼룸	주차장	ບ່ອນຈອດລົດ	번-쩓-롣
금지하다	ຫ້າມ	함-	구역, 범위	ບໍລິເວນ	버-리웬-
보이다	ເຫັນ	헨	직진	ໄປຊື່ງ	빠이쓰-쓰-
안에	ທາງໃນ	탕-나이	기다리다	ຖ້າ	타-
밖에	ທາງນອກ	탕-넉-	멈추다	ຢຸດ	윧
앞에	ທາງໜ້າ	탕-나	돌아오다	ກັບມາ	깝마-
뒤에	ທາງຫຼັງ	탕-랑	돌아가다	ກັບໄປ	깝빠이
옆에	ທາງຂ້າງ	탕-캉-	맞은편	ກົງກັນຂ້າມ	꽁깐캄-

88

문법과 활용

▶ 조동사 **ຢາກ** 약-, **ຕ້ອງ** 떵-, **ຕ້ອງການ** 떵-깐-, **ຈຳຕ້ອງ** 짬떵-, **ຄວນ(ຈະ)** 쿠완-(짜)
조동사는 본동사 앞에 위치하여 동사의 의미를 보조하는 역할을 한다. 조동사에는 하고 싶다.(**ຢາກ** 약-), 해야 한다(**ຕ້ອງ** 떵-, **ຈຳຕ້ອງ** 짬떵-, **ຄວນ(ຈະ)** 쿠완-(짜)), 필요하다(**ຕ້ອງການ** 떵-깐-) 등이 있으며, 문장 전체를 부정할 경우에는 조동사 앞에 **ບໍ່** 버- 를 붙여주면 된다.

주어 + **ຢາກ** + 동사	목적 : ~원한다, ~하고 싶다 (want)
나는 라오스에 가고 싶습니다.	**ຂ້ອຍຢາກໄປປະເທດລາວ.** 커이-약-빠이빠텟-라오-.
나는 라오스 음식을 먹고 싶습니다.	**ຂ້ອຍຢາກກິນອາຫານລາວ.** 커이-약-낀아-한-라오-.
마음이 아파서 그를 만나고 싶지 않아요.	**ເພາະວ່າເສຍໃຈເລີຍບໍ່ຢາກພົບຄືນມັນ.** 퍼와-씨야-짜이러이-버-약-폽콘난.

주어 + **ຕ້ອງ/ຈຳຕ້ອງ** + 동사	의무, 반드시 : ~해야 한다 (must) **ຈຳຕ້ອງ** 짬떵-은 주로 시, 이야기, 노래, 정치운동, 공식문서 등에 많이 사용된다.
그는 학교에 가야만 합니다.	**ລາວຕ້ອງໄປໂຮງຮຽນ.** 라오-떵-빠이홍-히얀-.
이 약을 먹어야만 합니다.	**ເຈົ້າຕ້ອງກິນຢານີ້.** 짜오떵-낀야-니-.
그녀의 사랑을 위해 이별해야만 합니다.	**ເພື່ອຮັກຂອງນາງສິມຫວັງ** **ອ້າຍຈຳຕ້ອງຈາກລາ.** 프아-학컹-낭-씀왕 아이-짬떵-짝-라-.

주어 + **ຕ້ອງການ** + 동사	요구 : ~필요하다, ~원한다 (need, want)
저는 감기약이 필요합니다.	**ຂ້ອຍຕ້ອງການຢາແກ້ໄຂ້.** 커이-떵-깐-야-깨-카이.
저는 도움이 필요합니다.	**ຂ້ອຍຕ້ອງການການຊ່ວຍເຫຼືອ.** 커이-떵-깐-깐-쑤와이-르아-.

나는 새 집을 원합니다.	ຂ້ອຍຕ້ອງການເຮືອນໃໝ່. 커이-떵-깐-흐안-마이.
그들은 정부의 원조가 필요합니다.	ພວກເຂົາເຈົ້າຕ້ອງການການຊ່ວຍເຫຼືອ ຈາກລັດຖະບານ. 푸왁-카오짜오떵-깐-깐-쑤와이-르아-짝-랃타반-.

주어 + ຄວນ(ຈະ) + 동사	충고, 추측 : ~해야 한다 (should)
당신은 많이 쉬어야 합니다.	ເຈົ້າຄວນພັກຜ່ອນຫຼາຍໆ. 짜오쿠완-팍펀-라이-라이.
그는 많이 먹지 말아야 합니다.	ລາວບໍ່ຄວນກິນຫຼາຍ. 라오-버-쿠완-낀-라이.
저는 그와 함께 가야 합니다.	ຂ້ອຍຄວນຈະໄປກັບລາວ. 커이-쿠완-짜빠이갑라오-.

연습하기

A 알맞은 단어를 서로 연결해 보자.

A. ທິດຕາເວັນອອກ 틷따-웬억- •

B. ທາງຂວາ 탕-쿠와- •

C. ທາງລຸ່ມ 탕-룸 •

D. ໄປຊື່ໆ 빠이쓰-쓰- •

• a. 직진

• b. 아래쪽

• c. 동쪽

• d. 오른쪽

전통놀이 - 뻬땅(Petanque)

라오스는 한국과 비슷한 전통놀이가 많다. 그 중에 쉽게 즐겨하는 놀이 중 하나가 뻬땅이다. 언제 어디서나 간편하게 즐길 수 있는 전통놀이로 라오스 말로는 띠분[ຕີບຸນ]이라고도 한다. 프랑스 남부 지방과 지중해 연안을 중심으로 널리 퍼져 있는 금속공 경기로 라오스에는 프랑스 식민지 시기에 전해졌다. 약 100년 전 쯤, 노인성 관절염 때문에 더 이상 뛸 수 없게 된 프로방스의 어느 할아버지가 나이와 건강을 한탄하다가 고안해 냈다고 한다.

2009년 동남아시아 게임(SEA GAME: South East Asia GAME)을 개최했던 라오스에서 정식 종목으로 채택이 될 정도로 인기가 높으며, 라오스뿐만 아니라 프랑스 식민지배를 받았던 주변 다른 동남아시아 국가에서도 흔히 볼 수 있다.

경기 방식은 단순하다. 먼저 원 안에서 큰 쇠구슬을 던져 목표점의 작은 쇠구슬에 가깝게 던진 공을 합산해서 매 라운드마다 점수를 메긴다. 경기가 불리하다고 판단 될 때는 작은 쇠구슬을 공략해서 밖으로 내 보내면 라운드가 다시 시작되고 목표 점수에 도달하는 팀이 이긴다. 라오스의 시골이나 도시 어디서든 볼 수 있으며 서로간에 친목을 다지기 위한 놀이로 자리하고 있다.

PART 2 일상회화 편

10 | 제10과

씨큰롣메-다이유-싸이너-?
ຂຶ້ນລົດເມໄດ້ຢູ່ໃສບໍ?
버스는 어디서 탈 수 있나요?

대화

ຍູຈີນ
유진:

씨큰롣메-빠이루왕-파방-다이유-싸이?
ຂຶ້ນລົດເມໄປຫຼວງພະບາງໄດ້ຢູ່ໃສ?
루앙프라방에 가는 버스는 어디서 타나요?

ມິດ
닏:

빠이큰싸타-니-싸이-느아-더-.
ໄປຂຶ້ນສະຖານີສາຍເໜືອເດີ.
북부터미널로 가세요.

ຍູຈີນ
유진:

미-롣라이-커이-쌉쏜. 떵-키-롣칸-다이?
ມີລົດຫຼາຍຂ້ອຍສັບສົນ. ຕ້ອງຂຶ້ນຄັນໃດ?
버스가 많아서 헷갈리네요. 어떤 버스를 타야 하나요?

ມິດ
닏:

키-롣메-씨-키야우-빠이싸타-니-싸이-느아-더-.
ຂຶ້ນລົດເມສີຂຽວໄປສະຖານີສາຍເໜືອເດີ.
북부터미널로 가는 녹색 버스를 타세요.

ຍູຈີນ
유진:

짜오, 커이-약-빠이와이와이나- 떵-헫내우-다이디-?
ເຈົ້າ, ຂ້ອຍຢາກໄປໄວໆນາ ຕ້ອງເຮັດແນວໃດດີ?
네, 더 빨리 가고 싶은데 어떻게 해야 돼요?

ມິດ
닏:

키-롣택-씨- 르 롣뚝뚝더-.
ຂຶ້ນລົດແທັກຊີ ຫຼື ລົດຕຸກໆເດີ.
택시나 뚝뚝을 타세요.

92

ຢູຈົມ **ແມ່ນຫວາ. ບໍ່ແພງຫວາ?**

유진: 그래요. 비싸지 않아요?

팽-꾸와-롣메- 때-와- 싸-맏-빠이다이와이꾸와-.

ນົດ **ແພງກວ່າລົດເມ ແຕ່ວ່າ ສາມາດໄປໄດ້ໄວກວ່າ.**

닏: 버스보다 비싸지만 빨리 갈 수 있어요.

짜오, 컵-짜이더-.

ຢູຈົມ **ເຈົ້າ, ຂອບໃຈເດີ.**

유진: 네. 감사해요.

유용한 표현

- 근처 어디에 병원이 있나요?
  ຢູ່ໃກ້ໆນີ້ມີໂຮງໝໍຢູ່ໃສ? 유-까이까이니-홍-머-유-싸이?
- 우체국으로 가주세요. **ໄປໄປສະນີໃຫ້ແດ່.** 빠이빠이싸니-하이대-.
- 버스 표지판 앞에서 세워주세요.
  ຈອດຢູ່ປ້າຍລົດເມໃຫ້ແດ່. 쩓-유-빠이-롣메-하이대-.
- 큰길로 가주세요. **ໄປທາງໃຫຍ່ໃຫ້ແດ່.** 빠이탕-냐이하이대-.
- 지름길을 알려주세요. **ບອກທາງລັດໃຫ້ຮູ້ແດ່.** 벅-탕-랃하이후-대-.
- 이것은 무슨 표지판인가요? **ນີ້ແມ່ນປ້າຍຫຍັງ?** 니-맨-빠이-냥?
- 버스에 사람이 너무 많아요. **ຢູ່ລົດເມມີຄົນຫຼາຍ.** 유-롣메-미-콘라이-.
- 버스 요금은 얼마입니까? **ຄ່າລົດເມເທົ່າໃດ?** 카-롣메-타오다이?
- 거스름돈을 주세요. **ຂໍເງິນທອນໃຫ້ແດ່.** 커-응언턴-하이대-.
- 거스름돈이 모자라요. **ເອົາເງິນທອນຂ້ອຍບໍ່ພໍ.** 아오응언턴-커이-버-퍼-.

93

한국어	라오어	발음	한국어	라오어	발음
오르다	ຂຶ້ນ	큰	버스	ລົດເມ	롣메-
역, 터미널	ສະຖານີ	싸타-니-	길, 줄, 선	ສາຍ	싸이-
북쪽	ເໜືອ	느아-	헷갈리다	ສັບສົນ	쌉쏜
차량 (수량사), 가렵다	ຄັນ	칸	타다	ຂີ່	키-
차, 차량	ລົດ	롣	녹색	ສີຂຽວ	씨-키야우-
빠르다	ໄວ	와이	택시	ລົດແທັກຊີ	롣택-씨-
뚝뚝, 삼륜	ລົດຕຸກໆ	롣뚝뚝	~보다	ກວ່າ	꾸와-
봉고차	ລົດຕູ້	롣뚜-	걷다	ຍ່າງ	냥-
할 수 있다	ສາມາດ	싸-맏-	오토바이	ລົດຈັກ	롣짝
자전거	ລົດຖີບ	롣팁-	자동차	ລົດໃຫຍ່	롣냐이
우체국	ໄປສະນີ	빠이싸니-	운전하다	ຂັບລົດ	캅롣
병원	ໂຮງໝໍ	홍-머-	세우다, 주차하다	ຈອດ	쩓-
표지판	ປ້າຍ	빠이-	큰길	ທາງໃຫຍ່	탕-나이
지름길	ທາງລັດ	탕-랃	거스름돈	ເງິນທອນ	응언턴-
모자라다	ບໍ່ພໍ	버-퍼-	충분하다	ພໍ	퍼-
화물차	ລົດສິບຄ້າ	롣씬카-	찾다	ຊອກ	썩-
렌트카	ລົດເຊົ່າ	롣싸오	소방차	ລົດດັບເພີງ	롣답펑-
구급차	ລົດໂຮງໝໍ	롣홍-머-	기차	ລົດໄຟ	롣파이
농기계	ເຄື່ອງຈັກການກະເສດ	크앙-짝깐-까쎈-	지하철	ລົດໄຟໃຕ້ດິນ	롣파이따이딘

➡ 비교급 **ກ່ວາ** 꾸와-와 최상급 **ທີ່ສຸດ** 티-쑫, **ກ່ວາໝູ່** 꾸와-무-

ກ່ວາ 꾸와-	**~보다**
ຢູ່ລາວເຂົ້າໜຽວຕຶກກ່ວາເຂົ້າຈ້າວ. 유-라오-카오니야우-특-꾸와-카오짜우-.	라오스에서는 쌀보다 찹쌀이 더 쌉니다.
ແທັກຊີແພງກ່ວາລົດເມແຕ່ວ່າສາມາດ ໄປໄດ້ໄວກ່ວາ.　택-씨-팽-꾸와-롯메-때- 와-싸-맏-빠이다이와이꾸와-.	택시는 버스보다 비싸지만 빨리 갈 수 있어요.
ເຮັດໃຫ້ໃຫຍ່ກ່ວານີ້ໄດ້. 헫하이냐이꾸와-니-다이.	더 크게 만들어 줄 수 있어요.
ຂ້ອຍສູງກ່ວາເຈົ້າ.　커이-쑹-꾸와-짜오	내가 당신보다 키가 더 큽니다.
ດິນເຈົ້າໜີ້ນ້ອຍກ່ວາດິນລາວ. 딘까올리-너이-꾸와-딘라오-.	한국의 국토 면적은 라오스보다 작습 니다.
ມື້ນີ້ໜາວກ່ວາມື້ວານ. 므-니-나우-꾸와-므-완-.	오늘은 어제보다 더 춥습니다.

ທີ່ສຸດ 티-쑫	**가장, 최고**
ບ່ອນນີ້ຫ້ອງປະຊຸມໃຫຍ່ທີ່ສຸດ. 번-니-헝-빠쑴나이티-쑫.	이 곳이 가장 큰 회의실입니다.
ເຈົ້າມັກທີ່ສຸດແມ່ນປະເທດໃດ? 짜오막티-쑫맨-빠텐-다이?	가장 좋아하는 나라는 어느 나라입니까?
ອັນນີ້ດີທີ່ສຸດ.　안니-디-티-쑫.	이것이 가장 좋습니다.
ຈອງປີ້ບິນທີ່ອອກໄວທີ່ສຸດໃຫ້ຂ້ອຍແດ່. 쩡-삐-논티-억와이티-쑫하이커이-대-.	가장 빨리 탈 수 있는 비행기로 예약해 주 세요.

ກ່ວາໝູ່ 꾸와-무-	**최고 중에 최고**
ຢູ່ໃນທີມ, ລາວເຕະບານເກັ່ງກ່ວາໝູ່. 유-나이팀-, 라오-떼반-껭꾸와-무.	팀에서 그는 축구를 가장 잘 합니다.
ລາວເຮັດວຽກເກັ່ງຫຼາຍກ່ວາໝູ່. 라오-헫위악-껭라이꾸와-무.	그는 일을 가장 잘 합니다.
ຢູ່ບໍລິສັດ ລາວຫຼິ້ນເປຕັງເກັ່ງກ່ວາໝູ່. 유-버-리쌋 라오-린뻬땅껭꾸와-무.	회사에서 그는 뻬땅놀이를 가장 잘 합 니다.

연습하기

🔄 **A** 주어진 질문에 알맞은 답을 라오스어로 말하고, 적어보자.

1. **Q** 어떤 버스를 타야 하나요?

ຕ້ອງຂີ່ລົດຄັນໃດ? 떵-키-롣칸-다이?
_____

A 녹색 버스를 타세요.

_____

2. **Q** 우체국으로 가고 싶어요.

_____

A 여기에서 택시를 타세요.

_____

3. **Q** 버스 정류장은 어디인가요?

_____

A 아침 시장 근처에 있어요.

_____

교통 수단

비행기

라오항공과 라오센트롤항공, 라오스카이웨이항공사가 국내선을 운항한다. 홈페이지나 시내의 여행사를 통해 티켓 구입이 가능하며, 공항에서 구입할 수는 없다. 라오항공 이외의 비행기는 예약 후 반드시 출발 가능 여부를 확인해 보는 것이 좋다. 출발 몇시간을 앞두고도 취소되는 경우가 있으며, 지역에 따라 몇 사람만 채워도 운항하는 운이 따르기도 한다.

버스

라오스의 도로 상태는 전보다 많이 좋아졌지만 대부분이 산악지대라 육로 이동이 쉽지 않다. 여행자들은 주로 VIP 버스를 이용하며 여행사를 통해 예약하는 것이 편리하다. 시내버스는 유일하게 비엔티안 시내를 운항하는 노선이 있다. 일본에서 지원한 에어컨 버스로 새벽 5시 30분에서 17시 30분까지 운행하며, 거리에 따라 3,000~6,000낍(400~800원)정도의 요금을 받는다.

미니밴

대중교통이 좋지 않고, 산악지대가 많아서 차체가 낮은 미니밴이 유리한 경우가 많다. 주로 여행자들이 많이 찾는 비엔티안, 방비엥, 루앙프라방은 여행사에서 운영하는 미니밴을 이동 수단으로 이용한다.

오토바이

비엔티안이나 루앙프라방에서는 수동 오토바이나 스쿠터 모두 쉽게 대여할 수 있다. 특별히 면허증을 요구하는 건 아니지만 교통 경찰들이 국제면허증 제시를 요구하면 벌금을 물릴 수 있다. 헬멧은 반드시 착용해야 하며, 안전사고도 많이 발생하므로 주의해야 한다.

썽태우, 뚝뚝

픽업 트럭을 개조해 만든 썽태우와 오토바이를 개조해서 만든 뚝뚝은 모두 시내에서 사용된다. 택시는 시내에서 찾아보기 드물고, 여럿이서 타는 경우 저렴하게 이용할 수 있다. 그러나 수도 비엔티안에서 만큼은 택시보다 비싸게 느껴 질 수 있으므로 흥정은 필수다.

택시

라오스에서 택시는 공항이나 태국 국경에서 주로 이용할 수 있다. 공항 도착 후 택시를 이용하려면 매표소에서 목적지에 따른 요금(공항~시내 약 7달러)을 지불하고 안내를 받아 택시를 이용할 수 있다. 요금정산기는 달려 있지 않고 정찰제로 가격이 책정되어 있기 때문에 공항에서 시내 이동 만큼은 택시가 편리하다.

기차

라오스에도 기차가 있다. 라오스의 타나랭(Thanaleng)역과 태국의 농카이(Nongkhai)역을 오간다. 오전 오후 두 차례 중간 경유역 없이 15분의 짧은 거리지만 여행자들이 많이 이용한다.

11 제11과 ເອົາເຝີໃຫ້ແດ່ກ້ວຍໜຶ່ງ
쌀국수 하나 주세요

아오퍼-하이대-투와이-능

대화

커-메-누-대-! 유-니-메-누-또-다이당?

ຍູຈິນ ຂໍເມນູແດ່! ຢູ່ນີ້ເມນູໂຕໃດດັງ?

유진: 메뉴판 좀 보여주세요! 이곳에서는 어떤 메뉴가 유명한가요?

덱썹-

ເດັກເສີບ ຢູ່ຮ້ານເຮົາຂາຍປະເພດເສັ້ນ.
ມີເຝີ, ເຂົ້າຊອຍ, ເຂົ້າປຽກ.

유-한-하오카이-빠펟-쎈. 미-퍼-, 카오써이-, 카오삐악-.

웨이터: 저희 가게에서는 여러 가지 국수를 팔아요.
쌀국수, 카오써이 그리고 카오삐악이 있어요.

쎈-데- 미-빠펟-다이대-?

ຍູຈິນ ເສັ້ນເດ ມີປະເພດໃດແດ່?

유진: 고기 종류는 어떤 것들이 있나요?

미-씬-까이, 씬-무-, 씬-응와-.

ເດັກເສີບ ມີຊີ້ນໄກ່, ຊີ້ນໝູ, ຊີ້ນງົວ.

웨이터: 닭고기, 돼지고기 그리고 소고기가 있어요.

ຍຸຈິນ
칸싼, 아오퍼-웅와-더-.
ຄັນຊັ້ນ ເອົາເຝີ້ອເດິ.
유진: 그럼, 소고기 쌀국수를 주세요.

ເດັກເສີບ
타-짝너이-더-.
ຖ້າຈັກໜ້ອຍເດິ.
웨이터: 네. 잠시만 기다려주세요.

식사 후 **ຫຼັງຈາກກິນແລ້ວ** 랑짝-낀래우-

ຍຸຈິນ
쌥-라이-, 커-빈대-더-.
ແຊບຫຼາຍ, ຂໍບິນແດ່ເດິ.
유진: 잘 먹었습니다. 계산서 주세요.

ເດັກເສີບ
탕-몯하-씹판낍-, 낀쌥-유-버-?
ທັງໝົດຫ້າສິບພັນກີບ, ກິນແຊບຢູ່ບໍ່?
웨이터: 총 5만낍입니다. 맛있게 드셨나요?

ຍຸຈິນ
짜오, 쌥-라이-.
ເຈົ້າ, ແຊບຫຼາຍ.
유진: 네. 맛있었어요.

ເດັກເສີບ
트아-나-마-익-더-.
ເທື່ອໜ້າມາອີກເດິ.
웨이터: 또 오세요.

- 쌀국수 주세요. ເອົາເຝີໃຫ້ແດ່. 아오퍼-하이대-.
- 음식을 추천해 주세요. ແນະນຳອາຫານໃຫ້ຂ້ອຍແດ່. 내남아-한-하이커이-대-.
- 어떤 음식이 맛있나요? ອາຫານໂຕໃດແຊບ? 아-한-또-다이쌥-?
- 너무 짜요. ເຄັມຫຼາຍໂພດ. 켐라이-폳-.
- 너무 달아요. ຫວານຫຼາຍໂພດ. 완-라이-폳-.
- 싱거워요. ຈຶດຫຼາຍ. 쯛-라이-.
- 무엇으로 만들 거예요? ຊິເຮັດຫຍັງບໍ? 씨헫냥너-?
- 요리법을 알고 싶어요. ຂ້ອຍຢາກຮູ້ວິທີເຮັດ. 커이-약-후-위티-헫.
- 고수는 넣지 마세요. ບໍ່ຕ້ອງໃສ່ຫອມປ້ອມເດີ. 버-떵-싸이험-뻠-더-.
- 어떤 음식을 좋아하세요? ເຈົ້າມັກອາຫານຫຍັງ? 짜오막아-한-냥?
- 한국 음식을 소개하고 싶어요.
  ຂ້ອຍຢາກແນະນຳອາຫານເກົາຫຼີ. 커이-약-내남아-한-까올리-.
- 라오스 음식은 엄청 맛있어요. ອາຫານລາວແຊບຫຼາຍ. 아-한-라오-쌥-라이-.
- 계산할게요. 얼마예요? ໄລ່ເງິນແດ່. ເທົ່າໃດບໍ? 라이응언대-. 타오다이너-?
- 포장해 주세요. ຫໍ່ກັບບ້ານໃຫ້ແດ່. 허-깝반-하이대-.
- 상한 음식을 먹으면 설사해요.
  ຖ້າວ່າກິນອາຫານບູດເຈັບທ້ອງ. 타-와-낀아-한-붇-쩹텅-.

가지다, 요구하다	ເອົາ	아오	주다	ໃຫ້	하이
바라다	ຢ	커-	그릇 (수량사)	ຖ້ວຍ	투와이-
메뉴	ເມນູ	메-누-	종류	ປະເພດ	빠펟-
어느, 어떤	ໂຕໃດ	또-다이	소리가 크다, 코	ດັງ, ມີສຽງ	당, 미-쓰-씨양-
줄(수량사), 열, 맥	ເສັ້ນ	쎈	국수	ເຝີ	퍼-

한국어	라오어	발음	한국어	라오어	발음
썰다	ຊອຍ	써이-	젖다	ປຽກ	삐악-
고기	ຊີ້ນ	씬-	닭고기	ຊີ້ນໄກ່	씬-까이
돼지고기	ຊີ້ນໝູ	씬-무-	소고기	ຊີ້ນງົວ	씬-응와-
맛있다	ແຊບ	쌥-	계산서, 영수증	ບິນ, ໃບບິນ	빈, 바이빈
다음에	ເທື່ອໜ້າ	트아-나-	추천하다	ແນະນຳ	내남
방법	ວິທີ	위티-	자루(수량사), 싸다, 포장하다	ຫໍ່	허-
밥	ເຂົ້າ	카오	달다	ຫວານ	완-
국	ແກງ	깽-	짜다	ເຄັມ	켐
액젓	ນ້ຳປາ	남빠-	시다	ສົ້ມ	쏨
간장	ສະອິ່ວ	싸이우	맵다	ເຜັດ	펟
좋아하다	ມັກ	막	계산하다	ໄລ່ເງິນ, ເຊັກບິນ	라이응언, 쎅빈
소스	ຊອດ	썯-	쓰다	ຂົມ	콤
양념장	ແຈ່ວ	째우-	맛있다	ແຊບ	쌥-
맛	ລົດຊາດ	롣쌋-	맛없다	ບໍ່ແຊບ	버-쌥-
고춧가루	ໝາກເຜັດຜົງ	막-펟퐁	소금	ເກືອ	끄아-
고수	ຫອມປ້ອມ	험-뻠	설탕	ນ້ຳຕານ	남딴-
쌀	ເຂົ້າສານ	카오싼-	기름	ນ້ຳມັນ	남만
빵	ເຂົ້າຈີ່	카오찌-	밀가루	ແປ້ງ	뺑-
라오스 바게트	ເຂົ້າຈີ່ປາເຕ່	카오찌-빠-떼-	요거트	ນົມສົ້ມ	놈쏨
토마토 소스	ຊອດໝາກເຫຼັ່ນ	썯-막-랜	미원	ແປ້ງນົວ	뺑-누와-
죽	ເຂົ້າປຽກເຂົ້າ	카오삐악-카오	싱겁다	ຈືດ	쯛-

많이 사용하는 동사 ເອົາ 아오

많이 사용되는 동사중의 하나로 ຂໍ 커-: '~을 주세요'의 의미로도 많이 사용된다.

ເອົາ 아오	가지다, 필요하다, 요구하다, 주세요
ເອົາຫຍັງບໍ່? 아오냥버-?	무엇을 드릴까요?
ເອົາໝາກໂປມສາມກິໂລ. 아오막-봄-쌈-낄로-.	사과 3kg 주세요.
ເອົາເຝີໃຫ້ແດ່ຖ້ວຍໜຶ່ງ. 아오퍼-하이대-투와이-능.	쌀국수 하나 주세요.
ຂ້ອຍເອົາຂອງຂວັນໃຫ້ໝູ່. 커이-아오컹-쿠완-하이무-.	친구에게 선물을 주었어요.
ເອົາແບບພື້ນເມືອງລາວໃຫ້ແດ່ເດີ. 아오뱁-픈-므앙-라오-하이대-더-.	라오스 전통 스타일로 디자인해 주세요.
ຕ້ອງໄປເອົາກະເປົາຢູ່ໃສ? 떵-빠이아오까빠오유-싸이?	수하물은 어디에서 찾나요?
ຂໍເອົາເງິນໂດລາປ່ຽນເງິນກິບແດ່. 커-아오응언돌-라-삐얀-응언낍-대-.	달러를 낍으로 환전해 주세요.
ເອົາເມຍແລ້ວບໍ່? 아오미야-래우-버-?	결혼했어요?
ກະລຸນາເອົາເງິນສິ່ງຄືນເດີທີ່ເຈົ້າໄດ້ຍືມ. 깔루나-아오응언쏭큰-더-티-짜오다이윰-.	빌렸던 돈을 돌려주세요.

ປະເພດໃດ 빠펟-다이	어떤 종류
ເຈົ້າຢາກໝາກໄມ້ປະເພດໃດ? 짜오약-막-마이빠펟-다이?	어떤 종류 과일을 좋아하나요?
ເຈົ້າມັກອາຫານປະເພດໃດ? 짜오막아-한-빠펟-다이?	어떤 음식을 좋아하십니까?

주어진 문장을 라오스어로 바꿔 말해보자.

1. 미원을 넣지 마세요. _____

2. 계산할게요. 얼마예요? _____

3. 쌀국수 주세요. _____

4. 라오스 음식은 엄청 맛있어요. _____

라오스의 음식

라오스는 삶이 풍족하진 않지만 아열대 기후이면서 메콩강을 끼고 있어 굶주리는 사람은 많지 않다. 불교의 영향으로 소박한 음식문화가 발달되어 있고, 각종 요리에 라임, 허브, 고추, 마늘 등의 향신료와 신선한 채소를 많이 쓰고, 기름은 적게 사용한다.

퍼
베트남 쌀국수에서 유래하였으나, 지금은 대중적인 라오스 음식이 되었다. 국물에 구비된 소스를 넣고 각종 신선한 허브와 채소를 곁들여 먹는다.

카오쏘이
루앙프라방 방식으로 만든 쌀국수, 된장처럼 콩을 발효시킨 양념에 다진 돼지고기를 국수에 얹어 먹는다. 약간 기름지지만 다시 찾게 되는 특유의 깊은 맛이 있다.

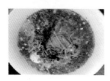

카오삐악
라오스 전통 국수로 굵은 면발과 담백한 국물이 한국의 칼국수와 비슷하며, 카오콥이라는 쌀과자를 곁들여 먹으면 든든하다.

카오팟
밥과 다양한 재료를 볶은 것으로 한국의 볶음밥과 다를 바 없다. 밥 위에 라임은 맛의 풍미를 더한다.

땀막훙
채썬 파파야를 젓갈, 고추, 마늘, 라임 등과 함께 버무린 샐러드로 보통 구이와 함께 먹는다. 태국의 쏨땀과 같은 요리이며, 맵고 김치 대용으로 잘 맞는 음식이다.

카오니야우
쌀을 불려 수증기로 찐 찰밥으로 라오스의 대표 주식이다. 수저가 아닌 손을 이용해 적당한 크기로 떼서 한참을 주물러서 먹는다.

랍
"귀한 손님에게 행운을 드린다"는 뜻으로, 잘게 썬 고기나 생선에 갖은 양념을 넣고 야채와 볶은 음식. 잔치 음식에서 빠지지 않으며, 찹쌀밥과 찰떡 궁합이다.

어람
루앙프라방에서 즐겨 먹는 음식으로 소고기나 닭고기에 레몬 그라스, 바질 등의 향신료를 넣고 걸죽하게 끓인 음식이다.

씬닷
숯불판의 볼록한 부분에는 얇게 썬 고기를 굽는다. 고기 주변에 육수를 붓고 갖은 야채를 데쳐서 소스에 찍어 먹는다. 월남전에 참전했던 한국인이 먹었던 불고기 요리가 베트남을 통해 라오스로 전해졌다는 전설이 있다.

카이팬
메콩강에서 수확한 녹조류를 참깨와 후추로 양념해 말린 민물 김이다. 루앙프라방 특산물로 꼭 먹어봐야 할 음식중에 하나이다.

삥빠
시내 길거리에서 쉽게 볼 수 찾아 볼 수 있는 음식으로 아무런 양념을 하지 않고 소금만 쳐서 숯불에 구워먹거나 양념장을 얹어 쪄서 먹기도 한다.

12 제12과

쩹텅-
ເຈັບທ້ອງ
배가 아파요

대화

ยูจิน
유진:

싸바이-디-, 커이-쩹텅-쯩마-. 롱타비얀-유-싸이너?

ສະບາຍດີ, ຂ້ອຍເຈັບທ້ອງຈຶ່ງມາ.
ລົງທະບຽນຢູ່ໃສເນາະ?

안녕하세요, 배가 아파서 왔어요. 접수는 어디에서 하나요?

파냐-반-
ພະຍາບານ
간호사:

마-탕-니-더-. 타-마-캉탐잇 깔루나- 키얀-에-까싼-니-껀-더- 랑짝-짜이-응언래
우-, 하이러-타-언-쓰-더-.

ມາທາງນີ້ເດີ. ຖ້າມາຄັ້ງທຳອິດ ກະລຸນາ
ຂຽນເອກະສານນີ້ກ່ອນເດີ ຫຼັງຈາກຈ່າຍເງິນແລ້ວ,
ໃຫ້ລໍຖ້າເອິ້ນຊື່ເດີ.

이쪽으로 오세요. 처음 오셨으면 이 서류를 먼저 작성해주세요. 수납 후 기
다리시면 이름을 불러드릴게요.

ยูจิน
유진:

짜오, 카오짜이래우-.

ເຈົ້າ, ເຂົ້າໃຈແລ້ວ.

네. 알겠습니다.

107

잠시 후 **ຫັງຈາກນັ້ນ ຈັກໜ່ອຍ** 랑짝-난 짝너이-

파냐-반-　낭-킴유-찐 썬-카오마-.

ພະຍາບານ **ມາງຄິມຍຸຈິນ ເຊິນເຂົ້າມາ.**
간호사: 김유진 씨 들어오세요.

탄-머-　뻰땅떼-므아-다이? 버-턱-텅-르-뿌왈-학-버-?

ທ່ານໝໍ **ເປັນຕັ້ງແຕ່ເມື່ອໃດ? ບໍ່ຖອກທ້ອງຫຼືປວດຮາກບໍ່?**
의사: 언제부터 그랬죠? 설사나 구토는 안하세요?

턱-텅-땅떼-므-큰-니- 래 학-쌩-트아-.

ຍຸຈິນ **ຖອກທ້ອງຕັ້ງແຕ່ມື້ຄືນນີ້ ແລະ ຮາກສອງເທື່ອ.**
유진: 어젯밤부터 설사를 했어요. 구토도 두 번하고요.

크-씨맨- 람싸이띧쓰아-. 꾸왈-벙껀-.

ທ່ານໝໍ **ຄືຊິແມ່ນ ລຳໄສ້ຕິດເຊື້ອ. ກວດເບິ່ງກ່ອນ.**
의사: 장염인 것 같군요. 우선 검사를 해봅시다.

땀-마-탕-니-더-. 짜꾸왈-르알- 래 아-쫌.

ພະຍາບານ **ຕາມມາທາງນີ້ເດີ. ຈະກວດເລືອດ ແລະ ອາຈົມ.**
간호사: 이쪽으로 따라오세요. 피검사와 대변검사를 할 거예요.

유용한 표현

- 어디가 아파요? **ເຈັບບ່ອນໃດ?** 쩹번-다이?
- 머리가 아파요. **ເຈັບຫົວ.** 쩹후와-.
- 배가 아파요. **ເຈັບທ້ອງ.** 쩹텅-.
- 어지러워요. **ວິນຫົວ.** 윈후와-.
- 구급차 좀 불러주세요. **ເອີ້ນລົດໂຮງໝໍໃຫ້ແດ່** 언-롣홍-머-하이대-.
- 몸살이 났어요. **ປວດຄີງ.** 뿌왈-킹-., **ປວດໂຕ.** 뿌왈-또-.
- 이가 아파요. **ເຈັບແຂ້ວ.** 쩹캐우-.
- 입을 벌려 보세요. **ອ້າປາກເບິ່ງແດ່.** 아-빡-벙대-.
- 하루에 세 번, 식사 후 한 번에 세 알씩 드세요.
  ມື້ລະສາມຄັ້ງ, ເທື່ອລະ 3ເມັດ ກິນຫລັງອາຫານ.
  므-라쌈-캉, 트아-라 쌈멛 낀랑아-한-.

아프다	ເຈັບ	쩹	배	ທ້ອງ	텅-
그래서	ຈຶ່ງ	쯩	등록하다	ລົງທະບຽນ	롱타비안-
병원	ໂຮງໝໍ	홍-머-	이쪽	ທາງນີ້	탕-니-
서류	ເອກະສານ	에-까싼-	쓰다	ຂຽນ	키얀-
부르다	ເອີ້ນ	언-	들어오다	ເຂົ້າມາ	카오마-
여성 (접두사)	ນາງ	낭-	설사하다	ຖອກທ້ອງ	턱-텅-
~부터	ຕັ້ງແຕ່	땅때-	구토하다	ປວດຮາກ	(부왈-)학-
어젯밤에	ມື້ຄືນນີ້	므-큰-니-	장	ລຳໃສ້	람싸이
감염	ຕິດເຊື້ອ	띧쓰아-	검사하다	ກວດ	꾸왈-
뒤따르다	ຕາມມາ	땀-마-	피	ເລືອດ	르왈-
아프다	ປວດ, ເຈັບ	부왈-, 쩹	대변	ອາຈົມ	아-쫌
약	ຢາ	야-	구급차	ລົດໂຮງໝໍ	롣홍-머-
약국	ຮ້ານຂາຍຢາ	한-카이-야-	감기	ໄຂ້ຫວັດ	카이왇
붓다	ບວມ	부왐-	열	ໄຂ້	카이
환자	ຄົນເຈັບ	콘쩹	열나다	ໄຂ້ຂຶ້ນ	카이큰
기침하다	ໄອ	아이	부러지다, 깨지다	ຫັກ, ແຕກ	학, 땍-

➡ 어조사

어조사에는 ເນາະ 너, ນໍ 너-, ເດີ 더-, ແດ່ 대-, ເດ 데-, ແນະ 매, ໂລດ 론-, ເລີຍ 러이- 등이 있으며, 실질적인 뜻이 없지만 다른 글자를 보조하여 주는 역할로 문장의 끝에 쓰인다.

109

ເໝາະ 너, ນ່ 너-	추측, 질문(정중), 동의
ການກິນອາຫານເກົາຫຼີນັ້ນຄົງຈະຍາກເໝາະ? 깐-낀아-한-까올리-난콩짜낙-너?	아마 한국 음식은 먹기 어렵겠죠?
ເປັນຫຍັງນໍ? 뻰냥너-?	무슨 문제가 있나요?

ເດີ 더-	예의, 공손
ຂອບໃຈເດີ. 컵-짜이더-.	감사합니다.
ໄປກ່ອນເດີ. 빠이껀-더-.	먼저 갑니다.

ແດ່ 대-	높임
ບອກຂ້ອຍແດ່. 벅-커이-대-.	말씀해주세요.
ຊ່ວຍຂ້ອຍແດ່. 쑤와이-커이-대-.	도와주세요.

ເດ 데-	의문
ເຈົ້າເດ? 짜오데-?	당신은요?
ໄປໃສເດ? 빠이싸이데-?	어디가요?
ອັນນັ້ນເດ? 안난데-?	저것은요?

ແມະ 매	강조, 설득 – 친구 사이나 손아랫사람에게 사용
ກິນແມະ. 낀매.	먹어 봐.
ເບິ່ງແມະ. 벙매.	봐 봐.

ໂລດ 롣-, ເລີຍ 러이-	허락, 허용
ໄປໂລດ. 빠이롣-.	가세요.
ລອງນຸ່ງໂລດ. 렁-눙롣-.	입어 보세요.
ມາຫຼິ້ນເຮືອນຂ້ອຍເລີຍເດີ. 마-린흐안-커이-러이-더-.	우리집에 놀러 오세요.

A 다음 그림을 보며 신체 관련 용어를 익혀보자.

머리	ຫົວ	후와-	발	ຕີນ	띤-
손	ມື	므-	발가락	ນິ້ວຕີນ	니우띤-
손가락	ນິ້ວມື	니우므-	발바닥	ຝາຕີນ	파-띤-
손바닥	ຝາມື	파-므-	다리	ຂາ	카-
어깨	ບ່າ	바-	무릎	ຫົວເຂົ່າ	후와-카오
가슴	ເອິກ	억	몸, 신체	ໂຕ, ຄີງ, ຮ່າງກາຍ	또-, 킹-, 항-까이-
허리	ແອວ	애우-	허벅지	ຂາໂຕ້	카-또-
눈	ຕາ	따-	종아리	ນິແຂ່ງ	비-캥-
코	ດັງ	당	입	ປາກ	빡-
목	ຄໍ	커-	귀	ຫູ	후-
혀	ລີ້ນ	린	뺨	ແກ້ມ	깸-

의료와 보건위생

라오스의 보건위생은 아주 열악하며 병원시설은 일반 시민이 이용하기에 많이 낙후되어 있고 의료장비들도 많이 부족하다. 비엔티안 시내에 마호솟, 세타티랏, 미타팝 등의 국립종합병원과 각 도에 종합병원이 있으나 이 마저도 병원을 이용하지 못하는 사람들이 많은 실정이다. 해외 원조를 통한 지원들이 이뤄지면서 환경들이 개선되고 있기는 하지만, 긴급상황이 발생되는 경우에는 태국으로 원정 진료 가는 경우가 보편화 되어 있다.

기후는 고온다습한 전형적인 열대성 기후로 각종 풍토병이나 전염병이 발생할 수 있다. 대표적인 것으로 말라리아, 뎅기열, 폐렴, 각종 기생충 질환, 콜레라 등이 있으므로 라오스 도심부 이외의 지역으로 벗어나는 경우 모기약 등의 상비약을 구비해 두어야 한다.

약국에는 라오스 자체 생산 약품 외에 프랑스, 태국, 중국 등에서 수입된 약품들이 구비되어 있으며, 일반적인 감기약, 진통제, 소화제, 알레르기 약 등은 처방전 없이 구입할 수 있다.

13 제13과

팓싸뽇-커이-씨야-
ພັດສະປອດຂ້ອຍເສຍ
여권을 잃어버렸어요

대화

까빠오커이-씨야- 쑤와이-커이-대-.
ຍູຈິນ
ກະເປົາຂ້ອຍເສຍ. ຊ່ວຍຂ້ອຍແດ່.
유진: 가방을 잃어버렸습니다. 도와주세요.

짜오헫씨야-유-싸이?
ຕຳຫຼວດ
ເຈົ້າເຮັດເສຍຢູ່ໃສ?
경찰: 어디에서 잃어버렸어요?

씨야-유-까이까이빠뚜-싸이.
ຍູຈິນ
ເສຍຢູ່ໃກ້ໆປະຕູໃຊ.
유진: 빠뚜싸이에서 잃어버렸어요.

나이까빠오컹-짜오미-냥대-? 키얀-롱싸이니-더-.
ຕຳຫຼວດ
ໃນກະເປົາຂອງເຈົ້າມີຫຍັງແດ່? ຂຽນລົງໃສ່ນີ້ເດີ.
경찰: 가방에 어떤 물건이 있었나요? 여기에 적어주세요.

미-까빠오응언, 팓싸뽇-래토-라쌉.
나이까빠오응언 미- 밭타나-칸-, 응언쏟 래 받빠짬뚜와-.
ຍູຈິນ
ມີກະເປົາເງິນ, ພັດສະປອດແລະໂທລະສັບ.
ໃນກະເປົາເງິນ ມີ ບັດທະນາຄານ,ເງິນສົດ ແລະ
ບັດປະຈຳຕົວ.
유진: 지갑, 여권, 휴대폰이 있었어요. 지갑에는 카드와 현금, 신분증이 있었고요.

푸왁-하오짜띧땀-하이 래우-짜띧떠-하-더-.
껀-은, 짜오빠이헫팓싸뽇-큰-마이티-싸탄-툳-까올리-더-.
ຕຳຫຼວດ
ພວກເຮົາຈະຕິດຕາມໃຫ້ ແລ້ວຈະຕິດຕໍ່ຫາເດີ.
ກ່ອນອື່ນ, ເຈົ້າໄປເຮັດພັດສະປອດຄືນໃໝ່ທີ່ສະຖານທູດ
ເກົາຫຼີເດີ.
경찰: 조사해 보고 연락드리겠습니다. 우선 한국대사관에서 여권을 재발급 받으세요.

113

싸탄-툰-까울리-유-싸이너?

유진: ສະຖານທູດເກົາຫຼີຢູ່ໃສເນາະ?

유진: 한국대사관은 어디에 있나요?

유-반-왈낙-.

경찰: ຢູ່ບ້ານວັດນາກ.

경찰: 왈낙마을에 있습니다.

타-짜빠이싸탄-툰-티-유-반-왈낙-빠이내우-다이?

유진: ຖ້າຈະໄປສະຖານທູດທີ່ຢູ່ບ້ານວັດນາກໄປແນວໃດ?

유진: 왈낙마을에 있는 대사관에 가려면 어떻게 가야 하나요?

판-파이댕-빠이능안 래우- 씁-떠-빠이쓰-쓰- 빠만- 하-허이-맽니-래.

경찰: ຜ່ານໄຟແດງໄປນຶ່ງຮັນ ແລ້ວ ສົບຕໍ່ໄປຊື່ໆ ປະມານ ຫ້າຮ້ອຍແມັດນີ້ແລະ.

경찰: 한 개의 신호등을 지나고 약 500m를 계속 직진하세요.

유용한 표현

- 도와주세요. ຊ່ວຍແດ່. 쑤와이-대-.
- 살려주세요. ຊ່ວຍຊີວິດຂ້ອຍແດ່. 쑤와이-씨-윋커이-대-.
- 도둑이야. ຄົນຂີ້ລັກ. 콘키-락.
- 경찰을 불러주세요.
  ກະລຸນາໂທຫາຕຳຫຼວດໃຫ້ແດ່. 깔루나-토-하-땀루왇-하이대-.
- 식당에서 잃어버렸습니다. ເສຍຢູ່ຮ້ານອາຫານ. 씨야-유-한-아-한-.
- 경찰서는 어디에 있습니까?
  ສະຖານີຕຳຫຼວດຢູ່ໃສເນາະ? 싸타-니-땀루왇-유-싸이너?
- 노트북이 있었습니다. ມີແລບທັອບ. 미-랩-텁-.
- 힘들면 잠시 쉬세요.
  ຖ້າວ່າລຳບາກພັກຜ່ອນຈັກນ່ອຍ. 타-와-람박-팍펀-짝너이-.

단어

여권	ພັດສ໌ປອດ	팟싸뽀-	잃어버리다	ເສຍ	씨야-
가방	ກະເປົາ	까빠오	돕다	ຊ່ວຍ	쑤와이-
쓰다	ຂຽນ	키안-	내려가다, 투자하다, 기록하다	ລົງ	롱
지갑	ກະເປົາເງິນ	까빠오응언	넣다, 입다	ໃສ່	싸이
휴대폰	ໂທລະສັບ	토-라쌉	카드	ບັດ	받
은행	ທະນາຄານ	타-나칸-	현금	ເງິນສົດ	응언쏟
호텔	ໂຮງແຮມ	홍-햄-	신분증	ບັດປະຈຳຕົວ	받빠짬뚜와-
추적하다, 따르다	ຕິດຕາມ	띧땀-	연락하다	ຕິດຕໍ່	띧떠-
대사관	ສະຖານທູດ	싸탄-툳-	영사관	ສະຖານກົງສຸນ	싸탄-꽁쑨
교환하다, 복원하다	ສົ່ງຄືນ	쏭쿤-	새롭다	ໃໝ່	마이
신호등	ໄຟແດງ	파이댕-	계속해서, 향해서	ສືບຕໍ່	쑵-떠-
생명, 인생, 수명	ຊີວິດ	씨-윋	도둑	ຂີ້ລັກ, ໂຈນ	키-락, 쫀-
식당	ຮ້ານອາຫານ	한-아-한-	경찰서	ສະຖານີຕຳຫຼວດ	싸타-니-땀루왇-
공항	ເດີ່ນບິນ	던-빈	소방서	ສະຖານີດັບເພີງ	싸타-니-답펑-
길	ທິມທາງ	혼탕-	잡다	ຈັບ	짭
진실	ຄວາມຈິງ	쿠왐-찡	놓치다, ~못하다	ບໍ່ທັນ	버-탄
거짓말	ຕົວະ	뚜와	폭행당하다	ຖືກທຳຮ້າຍຮ່າງກາຍ	특-탐하이-항-까이-
소매치기	ນັກດຶງກະເປົາ	낙등까빠오	사기치다	ສໍໂກງ	써-꽁-

115

➡ 접속사

단어와 단어, 구와 구, 절과 절을 연결시켜주는 역할을 한다.

그리고	ແລະ 래
그러나	ແຕ່(ວ່າ) 때-(와-)
또는	ຫຼື 르-
그래서, 따라서	ດັ່ງນັ້ນ 당난, (ເພາະ)ສະນັ້ນ (퍼)싸난, ຈຶ່ງ 쯩, ເລີຍ 러이-
왜냐하면	ເພາະ(ວ່າ) 퍼(와-), ຍ້ອນ(ວ່າ) 년-(와-)
~할 때	ເມື່ອ 므아-, ຕອນ 떤-
만약 ~라면	ຖ້າ(ວ່າ) 타-(와-), ສິມມຸດ(ວ່າ) 쏨묻(와-)
~역시, 또한	ກໍ 꺼-
~(때)까지	ຈົນກ່ວາ 쫀꾸와-
어쨌든	ຢ່າງໃດກໍ່ຕາມ 양-다이꺼-땀, ຢ່າງໃດກໍ່ດີ 양-다이꺼-디-
비록 ~일지라도	ເຖິງແບວໃດກໍ່ຕາມ 텅내우-다이꺼-땀-

연습하기

 다음 문장을 라오스어로 바꿔 말해보자.

1. 가방을 잃어버렸어요. _____

2. 경찰을 불러주세요. _____

3. 한국대사관은 어디에 있어요? _____

4. 살려주세요. _____

비자 제도

라오스는 내륙 국가로 베트남, 태국, 캄보디아, 미얀마, 중국과 국경을 접하고 있다. 육로 국경은 미얀마를 제외하고 개방되어 있다. 라오스 정부는 2018년 9월 1부터 일반여권을 소지한 우리 국민에 대한 무사증 체류기간을 기존 15일에서 30일로 연장함에 따라 여행을 목적으로 라오스에 입국하는 경우 비자 없이 30일간의 체류허가를 받을 수 있다. 여권은 유효기간이 6개월 이상 남아 있어야 한다. 인접국으로 출국하였다 재입국하는 경우 새로운 30일간의 무사증 체류기간을 부여하므로 국경을 넘나 드나드는 것이 그리 어렵지는 않다.

라오스 내에서 체류기간을 연장하는 경우 이민국에서 연장이 가능하며, 서류를 제외한 순수 연장 20,000낍(1일 기준)의 수수료가 부과된다. 연장 없이 체류기한을 넘길 경우 출국 시 100,000낍(1일 기준)의 벌금이 부과되고 출입국관리소에서 정산한다.
(단, 1개월 무사증 비자로 입국한 경우엔 체류기간 연장 불가)

장기 방문 목적으로 입국하는 경우에는 미리 주한라오스 대사관에서 비자를 발급받거나 라오스 공항과 국경에 도착 후 도착비자를 만드는 방법이 있다. 도착비자는 라오스 출입국 안내소에 기본 비자용 작성서류와 본인 사진 1장, 여권, 수수료 30달러를 제출하면 30일 체류 비자를 찍어준다.

복수비자(Multiple Visa) 제도
라오스 정부는 외교관, 공무원, 투자자, 취업 근로자, 유학생 등의 편의를 위해 복수비자 제도를 시행하고 있다. 거주허가 또는 노동허가를 받은 외국인에 대해 복수비자를 발급하며, 체류허가 기간에 따라 3개월, 6개월, 12개월의 복수비자가 주어진다.
복수비자는 체류 허가에 근거하기 때문에 연장을 위해서는 체류허가가 우선 연장되어야 한다.

복수비자 취득 절차

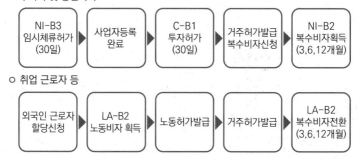

○ 투자자 및 동반가족

| NI-B3 임시체류허가 (30일) | → | 사업자등록 완료 | → | C-B1 투자허가 (30일) | → | 거주허가발급 복수비자신청 | → | NI-B2 복수비자획득 (3,6,12개월) |

○ 취업 근로자 등

| 외국인 근로자 할당신청 | → | LA-B2 노동비자 획득 | → | 노동허가발급 | → | 거주허가발급 | → | LA-B2 복수비자전환 (3,6,12개월) |

PART 3

비즈니스회화 편

PART 3 비즈니스회화 편

01 | 제1과

떵-빠이아오까빠오유-싸이?

ຕ້ອງໄປເອົາກະເປົາຢູ່ໃສ?
수하물은 어디에서 찾나요?

입국 심사중 ໃນຂະນະທີ່ກຳລັງກວດກາຄົນເຂົ້າເມືອງ

나이카나티-깜랑-꾸왇-까콘카오므앙-

짜오나-티-꾸왇-콘카오므앙-

ເຈົ້າໜ້າທີ່ກວດຄົນເຂົ້າເມືອງ

입국 심사관 :

커-벙낭쓰-던-탕-깝낭쓰-쨍-카오므앙-컹-짜오대-.

ຂໍເບິ່ງໜັງສືເດີນທາງກັບໜັງສືແຈ້ງເຂົ້າເມືອງ
ຂອງເຈົ້າແດ່.

여권과 입국 신고서를 보여주세요.

민쩡-

ມິນຈ່ອງ

유-니-데-.

ຢູ່ນີ້ເດ.

민정 :

여기 있습니다.

오-. 버-미-위-싸-너! 칸싼빠이롱타비얀-탕-뻥-단-랑, 짜이-카-위-싸-래우-깝콛-마-더-.

ເຈົ້າໜ້າທີ່ກວດຄົນເຂົ້າເມືອງ

입국 심사관 :

ໂອ້. ບໍ່ມີວີຊາເນາະ! ຄັນຊັ້ນໄປລົງທະບຽນທາງ
ປ່ອງດ້ານຫຼັງ, ຈ່າຍຄ່າວີຊາແລ້ວກັບຄືນມາເດີ.

비자가 없으시군요. 뒤에 보이는 창구에서 신청서를 등록하고, 비
자 수수료를 지불하고 오시기 바랍니다.

잠시 후 **ຫຼັງຈາກນັ້ນ** 랑짝-난

짜오씨유-라오-돈빤-다이?

ເຈົ້າຊິຢູ່ລາວດົນປານໃດ?
입국 심사관:
라오스에는 얼마간 계실 건가요?

킫와-씨유-빠만-쌈-아-틷.

ມິນຈອງ
ຄິດວ່າຊິຢູ່ປະມານສາມອາທິດ.
민정:
3주간 있을 예정입니다.

벅-쭏빠쏭이얌-암- 래 번-팍싸오하이대-.

ບອກຈຸດປະສົງຢ້ຽມຢາມ ແລະ
입국 심사관:
ບ່ອນພັກເຊົາໃຫ້ແດ່.
방문 목적과 체류 장소를 말씀해 주세요.

마-헧투라낃 팍유-홍-햄-던-짠.

ມິນຈອງ
ມາເຮັດທຸລະກິດ, ພັກຢູ່ໂຮງແຮມດອນຈັນ.
민정:
사업상 방문했습니다, 던짠 호텔입니다.

비자 발급 후 **ຫຼັງຈາກອອກວິຊາ** 랑짝-억-위-싸-

커이-떵-빠이아오까빠오유-싸이?

ມິນຈອງ
ຂ້ອຍຕ້ອງໄປເອົາກະເປົາຢູ່ໃສ?
민정:
수하물은 어디에서 찾나요?

빠이땀-빠이-벅-더-, 하이꾸앋-벙티야우-빈유-나-쩌- 래 번-아오까빠오더-.

ໄປຕາມປ້າຍບອກເດີ.
입국 심사관:
ໃຫ້ກວດເບິ່ງຖ້ຽວບິນຢູ່ໜ້າຈໍ ແລະ
ບ່ອນເອົາກະເປົາເດີ.
표지판을 따라가세요.
전광판에서 비행기 편명과 수하물 구역을 확인하세요.

- 여권과 입국 신고서를 보여주세요.

ຂໍເບິ່ງໜັງສືເດີນທາງກັບໜັງສືແຈ້ງເຂົ້າເມືອງຂອງເຈົ້າແດ່.

커-벙낭쓰-던-탕-깝낭쓰-쨍-카오므앙-컹-짜오대-.

- 수하물은 어디에서 찾나요?

ຕ້ອງໄປເອົາກະເປົາຢູ່ໃສ?

떵-빠이아오카빠오유-싸이?

- 비자 수수료는 얼마입니까?   ຄ່າວີຊ່າເທົ່າໃດ?   카-위-싸-타오다이?

- 비자 수수료는 어디에서 낼 수 있나요?

ຈ່າຍຄ່າວີຊ່າໄດ້ຢູ່ໃສ?   짜이-카-위-싸-다이유-싸이?

- 입국 신고서 작성 방법을 알려주세요.

ບອກວິທີຂຽນໜັງສືແຈ້ງເຂົ້າເມືອງໃຫ້ຂ້ອຍແດ່.

벅-위티-키안-낭쓰-쨍-카오므앙-하이커이-대-.

- 저희 짐을 못 찾았는데 좀 도와줄 수 있나요?

ຂ້ອຍຊອກກະເປົາບໍ່ເຫັນຊ່ວຍຂ້ອຍໄດ້ບໍ່?

커이-썩-까빠오버-헨쑤와이-추와이커이-다이버-?

- 여권을 잃어버렸습니다. 한국대사관에 가주세요.

ໜັງສືປອດຂ້ອຍເສຍ ພາຂ້ອຍໄປສະຖານທູດເກົາຫຼີແດ່.

팓싸뻗-커이-씨야 파-커이-빠이싸탄-툳-까올리-대-.

- 길을 잃어버렸어요. 이 호텔로 가주세요.

ຂ້ອຍຫຼົງທາງພາຂ້ອຍໄປໂຮງແຮມນີ້ແດ່.

커이-롱탕-파-커이-빠이홍-햄-니-대-.

- 라오스에 얼마 간 계실 건가요?

ເຈົ້າຊິຢູ່ລາວດົນປານໃດ?   짜오씨유-라오-돈빤-다이?

관계자, 담당자	ເຈົ້າໜ້າທີ່	짜오나-티-	검사하다	ກວດ(ກາ)	꾸왇-(까-)
이주하다	ເຂົ້າເມືອງ	카오므앙-	여권	ໜັງສືເດີນທາງ, ພັດສ໌ປອດ	낭쓰-던-탕-, 팟싸뻗
~주세요	ຂໍ	커-	입국 신고서	ໜັງສືແຈ້ງເຂົ້າເມືອງ	낭쓰-쨍-카오 므앙-
비자	ວີຊາ	위-싸-	신고하다	ແຈ້ງ	쨍-
등록하다	ລົງທະບຽນ	롱타비얀-	뒷편 창구	ປ່ອງດ້ານຫຼັງ	뻥-단-랑
방향, 측, 분야	ດ້ານ	단-	지불하다	ຈ່າຍ	짜이-
되돌아가다	ກັບຄືນ	깝큰-	비자 수수료	ຄ່າວີຊາ	카-위-싸-
오래, 천천히	ດົນ	돈	어느정도	ປານໃດ	빤-다이
말하다, 알려주다	ບອກ	벅-	방문하다	ຢ້ຽມຍາມ	(이얌-)(얌-)
목적	ຈຸດປະສົງ	쭏빠쏭	방문 목적	ຈຸດປະສົງຢ້ຽມຍາມ	쭏빠쏭이얌-얌-
체류 장소, 숙박	ບ່ອນພັກເຊົາ	번-팍싸오	하다	ເຮັດ	헫
사업	ທຸລະກິດ	투라낃	머물다	ພັກ	팍
호텔	ໂຮງແຮມ	홍-햄-	따라가다	ໄປຕາມ	빠이땀-
표지판	ປ້າຍບອກ	빠이-벅-	따라오다	ມາຕາມ	마-땀-
비행기 편명	ຖ້ຽວບິນ	티야우-빈	짐, 수하물	ກະເປົາຖື	까빠오(트-)
스크린	ໜ້າຈໍ	나-쩌-	수하물 구역	ບ່ອນຮັບກະເປົາ	번-합까빠오
쓰다	ຂຽນ	키얀-	문자, 글, 서적	ໜັງສື	낭쓰-
보다, 보이다	ເຫັນ	헨	찾다	ຊອກ	썩-
대사관	ສະຖານທູດ	싸탄-툳-	잃어버리다	ເສຍ	씨야-
세금	ພາສີ	파-씨-	동반하다	ພາຂ້ອຍ	파-커이-
세금징수자	ຜູ້ເກັບພາສີ	푸-껩파-씨-	길을 잃다	ຫຼົງທາງ	롱탕-

➡ 본문의 응용

ก่อນ 껀-	~기 전에
ก່ອນຊິກິນເຂົ້າຕ້ອງກິນຢາກ່ອນເດີ. 껀-씨낀카오떵-낀야-껀-더-.	밥을 먹기 전에 먼저 약을 먹어야 해요.

ຫຼັງຈາກ 랑짝-	~한 후에
ຫຼັງຈາກປະຊຸມແລ້ວພົບກັນເດີ. 랑짝-빠쑴래우-폽깐더-.	회의가 끝난 후에 만납시다.

ແລະ 래	그리고
ເບິ່ງຮູບແລະເລືອກໄດ້ເລີຍເດີ. 벙훕-래르악-다이러이-더-.	사진을 보고 고르세요.
ພົບເພື່ອນໃໝ່ ແລະ ໄດ້ກິນເຂົ້ານຳກັນ. 폽프안마이 래 다이낀카오남깐.	새 친구를 만나고 같이 식사를 했어요.

ລອງ 렁-	~시도해 보다
ລອງກິນອາຫານລາວ(ເບິ່ງ)ແມະ. 렁-낀아-한-라오-(벙)매.	라오스 음식을 먹어 봐.
ເຈົ້າລອງກິນຕຳໝາກຫຸ່ງ(ເບິ່ງ)ແລ້ວບໍ່? 짜오렁-낀땀막-훙(벙)래우-버-?	파파야 샐러드를 먹어 봤어요?

ພາ 파-	동반하다, 안내하다
ຂ້ອຍຈະພາໄປ. 커이-짜파-빠이.	제가 모시고 갈게요.
ຂ້ອຍຈະພາມາ. 커이-짜파-마.	제가 모시고 올게요.

연습하기

A 알맞은 단어를 서로 연결해 보자.

A. 공항 •

B. 입국 심사관 •

C. 수하물 구역 •

D. 신고하다 •

• a. ບ່ອນຮັບກະເປົາ 번-합까빠오

• b. ແຈ້ງ 쨍-

• c. ສະໜາມບິນ 싸남-빈

• d. ເຈົ້າໜ້າທີ່ກວດຄົນເຂົ້າເມືອງ
짜오나-티-꾸왈-콘카오므앙-

125

입/출국 신고서

라오스 입출국 신고서는 외국인용과 내국인용이 같다. 항공기 탑승해서 기내에서 작성하게 되는데, 어렵지 않게 작성할 수 있다. 우리나라는 무비자 입국이 가능하기 때문에 입출국 신고서만 작성하면 된다. 입출국 신고서는 한쌍으로 되어 있기 때문에 이왕이면 입국할 때 모두 작성해 두는 것이 편리하다. 입국시 입국카드 절반만 제출하고 출국카드는 출국할 때 제출해야 하므로 잘 보관해야 한다.

– 입국카드

– 출국카드

02 | 제2과

떵-쏭이-메우-두완-

ຕ້ອງສົ່ງອີເມວດ່ວນ
급한 메일을 보내야 합니다

대화

민찡-
ມິນຈອງ
민정:

커이-약-토-빠이땅-빠텐-. 미-위티-토-버-?

ຂ້ອຍຢາກໂທໄປຕ່າງປະເທດ. ມີວິທີໂທບໍ່?

국제전화를 사용하고 싶어요. 방법이 있을까요?

푸-하이캄내남
ຜູ້ໃຫ້ຄຳແນະນຳ
안내원 :

짜오, 짜오싸-맏-싸이씸-깐-티-미-나이라오-토-다이러어-.

ເຈົ້າ, ເຈົ້າສາມາດໃຊ້ຊິມກາດທີ່ມີໃນລາວໂທໄດ້ເລີຍ.

네, 라오스에서 구입한 심카드를 사용하면 국제전화를 하실 수 있어요.

민찡-
ມິນຈອງ
민정:

타-약-싸이인떠-넫떵-헫내우-다이? 퍼커이-떵-쏭이-메우-두완-.

ຖ້າຍາກໃຊ້ອິນເຕີເນັດຕ້ອງເຮັດແນວໃດ?
ເພາະຂ້ອຍຕ້ອງສົ່ງອີເມວດ່ວນ.

인터넷을 사용하고 싶으면 어떻게 해야 합니까?
급한 메일을 보내야 해서요.

푸-하이캄내남
ຜູ້ໃຫ້ຄຳແນະນຳ
안내원 :

미-씸-티-싸이인떠-넫다이양-디야우- 래 씸-티-싸이인떠-넫 래 버-토-남깐다이.
라왕- 썽-뱁-난 짜오싸-맏-르악-싸이안다이꺼-다이.

ມີຊິມທີ່ໃຊ້ອິນເຕີເນັດໄດ້ຢ່າງດຽວ ແລະ
ຊິມທີ່ໃຊ້ອິນເຕີເນັດ ແລະ ເບີໂທນຳກັນໄດ້.
ລະຫວ່າງ ສອງແບບນີ້
ເຈົ້າສາມາດເລືອກໃຊ້ອັນໃດກໍ່ໄດ້.

인터넷만 사용 가능한 심카드가 있고, 인터넷과 전화가 모두 가능한 심
카드가 있습니다.
그 둘 중에 하나를 선택해서 사용하시면 됩니다.

민찡-
ມິນຈອງ
민정:

맨-버-! 커이-싸-맏-쓰-다이유-싸이?

ແມ່ນບໍ! ຂ້ອຍສາມາດຊື້ໄດ້ຢູ່ໃສ?

그렇군요! 어디에서 구입할 수 있나요?

짜오싸-맏-쓰-다이땀-싸남-빈, 단-싸-꼰 래 땀-한-투와-빠이.

ຜູ້ໃຫ້ຄຳແນະນຳ :
안내원 :
ເຈົ້າສາມາດຊື້ໄດ້ຕາມສະໜາມບິນ, ດ່ານສາກົນ ແລະ ຕາມຮ້ານທົ່ວໄປ.
공항이나 국제 검문소 또는 일반 상점에서도 구입하실 수 있어요.

쌈랍콘땅-빠텔-쿠완-싸이뱁-다이?

ມິນຈອງ
민정:
ສຳລັບຄົນຕ່າງປະເທດຄວນໃຊ້ແບບໃດ?
외국인 같은 경우는 어떤 것을 사용해야 합니까?

복까띠싸이뱁-떰-응언 래 르악-팩깯다-따-땀-쿠왐-떵-깐-다이러이-.

ຜູ້ໃຫ້ຄຳແນະນຳ :
안내원 :
ປົກກະຕິໃຊ້ແບບເຕີມເງິນ ແລະ ເລືອກແພັກແກັດ ດາຕ້າຕາມຄວາມຕ້ອງການໄດ້ເລີຍ.
보통 선불충전식(Pre-paid) 카드를 사용하고 필요에 따라 패키지 데이터를 선택할 수 있습니다.

유용한 표현

- 휴대전화 유심을 구입하고 싶어요.
  ຂ້ອຍຢາກຊື້ຊິມບັດໂທລະສັບມືຖື. 커이-약-쓰-씸-받토-라쌉므-트-.
- 인터넷 유심을 구입하고 싶어요. **ຂ້ອຍຢາກຊື້ຊິມເນັດ.** 커이-약-쓰-씸-넫.
- 충전 카드는 어디서 파나요?
  ບັດເຕີມເງິນຂາຍຢູ່ບ່ອນໃດ? 받떰-응언카이-유-번-다이?
- 라오스의 국가번호는 무엇인가요?
  ລະຫັດໂທລະສັບຂອງປະເທດລາວແມ່ນຫຍັງ? 라핟토-라쌉컹-빠텔-라오-맨-냥?
- 856 입니다. **ແປດຫ້າຫົກ.** 뺃-하-혹.
- 어디에서 구입할 수 있나요? **ສາມາດຊື້ໄດ້ຢູ່ໃສ?** 싸-맏-쓰-다이유-싸이?
- 마찬가지입니다. **ຄືກັນ ເຮັ້ນດງວຽກັນ.** 크-깐 쎈디야우-깐.
- 방법이 있나요? **ມີວິທີບໍ່?** 미-위티-버-?
- 어디서나 쉽게 찾을 수 있습니다.
  ສາມາດຫາໄດ້ງ່າຍຢູ່ທຸກບ່ອນ. 싸-맏-하-다이응아이-유-툭번-.
- 외국인의 경우에는 어떤 것을 사용해야 합니까?
  ສຳລັບຄົນຕ່າງປະເທດຄວນໃຊ້ແບບໃດ? 쌈랍콘땅-빠텔-쿠완-싸이뱁-다이?

128

한국어	라오어	발음	한국어	라오어	발음
보내다	ສົ່ງ	쏭	긴급히	ດ່ວນ	두완-
국제전화	ໂທຕ່າງປະເທດ	토-땅-빠텓-	알다	ຮູ້	후-
방법	ວິທີ	위티-	할 수 있다.	ສາມາດ	싸-맏-
사용하다	ໃຊ້	싸이	전화하다	ໂທ	토-
인터넷 심카드	ຊິມເນັດ	씸-넫	단지 하나	ຢ່າງດຽວ	양-디야우-
구입하다	ຊື້	쓰-	함께, 같이	ນຳກັນ	남깐
~중에	ລະຫວ່າງ	라왕-	모양, 디자인	(ອອກ)ແບບ	(억-)뱁-
선택하다	ເລືອກ	르악-	어느, 무엇	ອັນໃດ	안다이
~도 좋다	ກໍໄດ້	꺼-다이	어쨌든	ອັນໃດກໍໄດ້	안다이꺼-다이
공항	ສະຫນາມບິນ	싸남-빈	검문소, 세관	ດ່ານ	단-
국제	ສາກົນ	싸-꼰	국제 검문소	ດ່ານສາກົນ	단-싸-꼰
일반 상점	ຮ້ານທົ່ວໄປ	한-투와-빠이	위해서	ສຳລັບ	쌈랍
외국인	ຄົນຕ່າງປະເທດ	콘땅-빠텓-	~해야 한다	ຄວນ	쿠완-
보통	ປົກກະຕິ	뽁까띠	리필하다	ເຕີມເງິນ	떰-응언
~따라	ຕາມ	땀-	욕구	ຄວາມຕ້ອງການ	쿠암-떵-깐-
휴대폰	ມືຖື	므-트-	코드, 암호	ລະຫັດ	라핟
보다, 보이다	ເຫັນ	헨	쉽다	ງ່າຍ	응아이-
어디서나	ທຸກບ່ອນ	툭번-	모두	ທັງໝົດ	탕몯

➡ 조동사의 다양한 활용 - 능력, 가능성 (can, could, may, might)

'~을 할 수 있다'는 가능을 나타내는 조동사에는 ໄດ້ 다이, ສາມາດ 싸-맏-, ເປັນ 뻰, ໄຫວ 와이 등이 쓰인다. 모두 비슷한 의미를 담고 있지만, 쓰임새에 따라 달리 사용한다. 부정을 나타내는 경우 조동사 앞에 ບໍ່ 버-를 붙여주면 된다.

ໄດ້ 다이	능력(가능성이나 과거시제에 쓰임): 가능하다
나는 어제 라오스어를 공부했습니다.	ມື້ວານນີ້, ຂ້ອຍໄດ້ຮຽນພາສາລາວ. 므-완-니-, 커이-다이히얀-파-싸-라오-.
당신은 나를 도와줄 수 있습니까?	ເຈົ້າຊ່ວຍຂ້ອຍໄດ້ບໍ່? 짜오쑤와이-커이-다이버-?
네. 도울 수 있습니다.	ໄດ້. ຊ່ວຍໄດ້. 다이. 쑤와이-다이.
당신은 이 음식을 먹을 수 있습니까?	ເຈົ້າກິນອາຫານນີ້ໄດ້ບໍ່? 짜오낀아-한-니-다이버-?

ສາມາດ 싸-맏-	능력(보통 이상의 능력): 할 수 있다, 가능하다
이 공장에서 자동차를 하루에 100대 생산할 수 있습니다.	ໂຮງງານນີ້ສາມາດຜະລິດທນຶ່ງຮ້ອຍຄັນໃນມື້ນຶ່ງ. 홍-응안-니-싸-맏-팔릳능허이-칸나이므-능.
당신은 이 문제를 해결할 수 있습니까?	ເຈົ້າສາມາດແກ້ໄຂບັນຫານີ້ໄດ້ບໍ່? 짜오싸-맏-깨-카이반하-니-다이버-?

ເປັນ 뻰	능력(학습을 통한 능력) : 할 수 있다
당신은 운전할 줄 압니까?	ເຈົ້າຂັບລົດເປັນບໍ່? 짜오캅롣뻰버-?
못합니다.	ບໍ່ເປັນ. 버-뻰.
당신은 일본어를 할 수 있습니까?	ເຈົ້າເວົ້າພາສາຍີ່ປຸ່ນເປັນບໍ່? 짜오와오파-싸-니-뿐뻰버-?
말을 할 줄 모릅니다.	ເວົ້າບໍ່ເປັນ. 와오버-뻰.
당신은 기타를 연주할 수 있습니까?	ເຈົ້າຫຼິ້ນກິຕາເປັນບໍ່? 짜오린끼-따-뻰버-?

ໄຫວ 와이	능력(경험을 통한 능력): 할 수 있다
취해서 더 이상 맥주를 마실 수 없습니다.	ຂ້ອຍເມົາແລ້ວ, ດື່ມເບຍຕໍ່ບໍ່ໄຫວ. 커이-마오래우, 듬-비야-떠-버-와이.
더 이상 참을 수 없습니다.	ອົດບໍ່ໄຫວແລ້ວ. 옫버-와이래우-.
피곤하고 산도 높아서 더이상 걸을 수가 없습니다.	ຂ້ອຍຍ່າງບໍ່ໄຫວເພາະເມື່ອຍ ແລະພູກໍສູງຫລາຍ. 커이-양-버-와이퍼므아이- 래루-꺼-쑹-라이-.

연습하기

A 다음 형용사의 반대말을 찾아 서로 연결해보자.

A. 젊은   •   •   a. ຈ່ອຍ 쩌이-

B. 가까운   •   •   b. ນ້ອຍ 너이-

C. 넓은   •   •   c. ເຖົ້າ 타오

D. 큰   •   •   d. ໄກ 까이

E. 뚱뚱한   •   •   e. ແຄບ 캡-

휴대폰 유심 구매하기

현재 라오스의 대표 통신사는 Lao Telecom, ETL, Unitel, Beeline 등이 있다.

유심의 종류는 두가지가 있는데, 전화와 인터넷 모두 이용이 가능한 일반 심카드(SIM)와 인터넷 전용 데이터 전용 심카드(SIM-NET)가 있다.

두 종류 가격은 비슷하지만 일반 심카드는 일반 전화가 가능하다는 장점이 있는 반면 데이터 용량이 작기 때문에 여행객에게는 불편할 수 있다. 인터넷 전용 데이터 유심카드는 데이터 용량에 따라 가격이 다르며 유효기간이 있다. 라오스 사람들은 보통 휴대폰에 유심을 두개를 꼽을 수 있기 때문에 이런 불편함이 없지만 여행객이라면 인터넷 유심만으로 충분하다.

유심카드는 원하는 번호를 선택할 수 있으며, 일반 유심 카드와 다르게 인터넷 심카드는 바로 사용이 가능한 것은 아니고 충전을 해야 사용할 수 있다. 물론 일반 유심 카드도 충전 금액을 다 소모하면 충전해야 사용할 수 있다. 충전하는 방법은 카드에 설명이 나와 있지만 요청하면 판매인이 직접 해주기도 한다.

– 데이터 전용 심카드(SIM-NET)

Lao Telecom

▶ 유효기간 24시간 / 데이터 용량 1GB / 금액 5,000낍 / 충전방법 *131*5# 통화버튼
▶ 유효기간 7일 / 데이터 용량 1.5GB / 금액 10,000낍 / 충전방법 *131*10# 통화버튼
▶ 유효기간 30일 / 데이터 용량 5GB / 금액 50,000낍 / 충전방법 *131*6# 통화버튼

Unitel

▶ 유효기간 24시간 / 데이터 용량 1GB / 금액 5,000낍 / 충전방법 *209*21# 통화버튼
▶ 유효기간 3일 / 데이터 용량 4GB / 금액 10,000낍 / 충전방법 *209*33# 통화버튼
▶ 유효기간 5일 / 데이터 용량 2GB / 금액 10,000낍 / 충전방법 *209*22# 통화버튼
▶ 유효기간 7일 / 데이터 용량 1.5GB / 금액 10,000낍 / 충전방법 *209*23# 통화버튼
▶ 유효기간 30일 / 데이터 용량 5GB / 금액 50,000낍 / 충전방법 *209*24# 통화버튼
▶ 유효기간 30일 / 무제한 / 금액 300,000낍 / 충전방법 *209*28# 통화버튼

03
제3과

닌디-티-후-짝

ຍິນດິທີ່ຮູ້ຈັກ
만나서 반갑습니다

대화

민쩡-

싸바이-디-, 커이-쓰-쪼-민쩡-마-짝-아이티-헙-빠텐-까올리-.

ມິນຈອງ
민정:

**ສະບາຍດີ, ຂ້ອຍຊື່ໂຈມິນຈອງມາຈາກໄອທີຮ໌ອບປະເທດ
ເກົາຫຼີ.**

안녕하세요. IT허브코리아에서 온 조민정입니다.

레-카-

싸바이-디-, 미-냥하이쑤와이-버-?

ເລຂາ
비서:

ສະບາຍດີ, ມີຫຍັງໃຫ້ຊ່ວຍບໍ່?

안녕하세요. 어떤 일로 오셨나요?

커이-미-낟폼깝탄-껜-깨우-쏨펀-떤-씨-몽-.

ມິນຈອງ
민정:

ຂ້ອຍມີນັດພົບກັບທ່ານເກດແກ້ວສົມພອນຕອນສີ່ໂມງ.

4시에 껜깨우 쏨펀씨와 만나기로 약속이 되어 있습니다.

레-카-

짜오, 러-타-분능더- 넝-짜쨍-펀껀-.

ເລຂາ
비서:

ເຈົ້າ, ລໍຖ້າບຶດໜຶ່ງເດີ ນ້ອງຈະແຈ້ງເພີ່ມກ່ອນ.

네, 잠시만 기다려 주십시오. 오셨다고 말씀드리겠습니다.

잠시 후 **ເວລາຜ່ານໄປ** 웰-라-판-빠이

껜-깨우
싸바이-디-, 커-톧-티-하이러-타-. 썬-카오마-나이러이-.

ເກດແກ້ວ
ສະບາຍດີ. ຂໍໂທດທີ່ໃຫ້ລໍຖ້າ. ເຊີນເຂົ້າມາໃນເລີຍ.
껜깨우: 안녕하세요. 기다리게 해서 죄송합니다. 들어오세요.

삔쩡
쁜캉탐인티-다이폼. 커이-쓰-쪼-민쩡-마-짝-아이티-헙-빠텔-까올리-.
니-맨-남-받커이-.

ມີນຈອງ
ເປັນຄັ້ງທຳອິດທີ່ໄດ້ພົບ. ຂ້ອຍຊື່ໂຈມີນຈອງມາຈາກ
ໄອທີຮັບປະເທດເກົາຫຼີ. ນີ້ແມ່ນນາມບັດຂອຍ.
민정: 처음 뵙겠습니다. 저는 IT허브 코리아 조민정입니다. 제 명함입니다.

커이-쓰-껜-깨우-쏨펀-, 푸-암누와이-깐-버-리쌋탈-루왕-아이티-. 닌디-티-후-짝.

ເກດແກ້ວ
ຂ້ອຍຊື່ເກດແກ້ວສົມພອນ,
ຜູ້ອຳນວຍການບໍລິສັດຫາດທຍອງໄອທີ. ຍິນດີທີ່ຮູ້ຈັກ.
껜깨우: 저는 탓루앙 IT 회사 껜깨우 쏨펀 이사입니다. 만나서 반갑습니다.

짜오, 닌디-티-후-짝쎈디야우-깐.

ມີນຈອງ
ເຈົ້າ, ຍິນດີທີ່ຮູ້ຈັກເຊັ່ນດຽວກັນ.
민정: 네. 저도 만나서 반갑습니다.

유용한 표현

- 저는 한국인입니다. **ຂ້ອຍແມ່ນຄົນເກົາຫຼີ.** 커이-맨-콘까올리-.
- 한국에서 왔습니다. **ຂ້ອຍມາຈາກປະເທດເກົາຫຼີ.** 커이-마-짝-빠텔-까올리-.
- 정말 감사합니다. **ຂອບໃຈຫຼາຍໆ.** 컵-짜이라이-라이-.
- 지금 시간 있으세요? **ຕອນນີ້ມີເວລາບໍ່?** 떤-니-미-웰-라-버-?
- 괜찮습니다. **ບໍ່ເປັນຫຍັງ.** 버-뻰냥.
- 먼저 앉으십시오. **ເຊີນນັ່ງກ່ອນເດີ.** 썬-낭껀-더-.
- 그는 지금 바쁩니다. **ຕອນນີ້ເພິ່ນຄາວຽກຢູ່.** 떤-니-펀카-위약-유-.
- 조금 기다려주실 수 있나요? **ລໍຖ້າໄດ້ບໍ່?** 러-타-다이버-?

134

약속하다	ມັດ, ມັດພິບ	낟, 낟폽	약속	ການມັດພິບ	깐-낟폽
기다리다	(ລໍ)ຖ້າຍົດຍື່ງ	(러-)타-분능	알리다, 신고하다	ແຈ້ງ	쨍-
동생, 아랫사람	ນ້ອງ	넝-	그분	ເພິ່ນ	펀
분, 씨	ທ່ານ	탄-	처음	ຄັ້ງທຳອິດ	캉탐잍
들어오다	ເຂົ້າມາ	카오마-	이사	ຜູ້ອຳນວຍການ	푸-암누와이-깐-
명함	ນາມບັດ	남-받	회사	ບໍລິສັດ	버-리쌑
사장	ທິວໜ້າ, ປະທານ	후와-나-, 빠탄-	프로젝트 매니저	ທິວໜ້າໂຄງການ	후와-나-콩-깐-
사무실장	ທິວໜ້າຂ້ອງການ	후와-나-형-깐-	비서	ເລຂາ	레-카-
참석하다	ເຂົ້າຮ່ວມ	카오후왐-	회의	ການປະຊຸມ, ກອງປະຊຸມ	깐-빠쑴, 껑-빠쑴
저녁에	ຕອນແລງ	떤-랭-	수출	ຂາອອກ	카-억-
수입	ຂາເຂົ້າ	카-카오	사업가	ນັກທຸລະກິດ	낙투라낃
목표, 대상	ເປົ້າໝາຍ	빠오마이-	정보 안내소	ບ່ອນສອບຖາມຂໍ້ມູນ	번-썹-탐-커-문-

문법과 활용

➡ 정중한 진술, 권유, 요청, 의뢰할 때의 표현

정중하게 요구할 때 '~해 주세요'의 표현으로 ຂໍ 커-, ເຊີນ 썬-, ກະລຸນາ 깔루나-, ຊ່ວຍ 쑤와이- 등이 있다. 각기 쓰임새는 비슷해 보이지만, 다른 느낌의 의미를 담고 있으며, 보통 문장의 맨 앞이나 문장 끝에 위치한다. 허가를 요구하는 '~해 주실 수 있나요?'의 경우는 문장의 끝에 ໄດ້ບໍ່? 다이버-? 를 붙여주면 된다.

ຂໍ 커-	~해 주세요. (요청, 부탁) ຂໍ 커- + 동사 : ~해 주세요. ຂໍ 커- + 명사 : ~을 주세요. ຂໍໃຫ້ 커-하이 : ~합니다. (기원)
ຂໍເບິ່ງໜັງສືເດີນທາງແດ່. 커-벙낭쓰-던-탕-대-.	여권을 보여주세요.
ຂໍ(ທາງ)ໄປແດ່. 커-(탕-)빠이대-.	길 좀 지나갈게요.
ຂໍເງິນແດ່. 커-응언대-.	돈 좀 주세요.
ຂໍໃຫ້ໂຊກດີ. 커-하이쏙-디-.	행운이 있기를 기원합니다.

ເຊີນ 썬- / ກະລຸນາ 깔루나-	~해 주세요. (요청, 권유) 초대하다. ກະລຸນາ 깔루나-는 알림이나 TV, 방송 매체에서 주로 사용
ເຊີນນັ່ງ. 썬-낭	앉으십시오.
ເຊີນເຂົ້າມາຢູ່ໃນ. 썬-카오마-유-나이.	안으로 들어오세요.
ຂ້ອຍຢາກເຊີນພະນັກງານ. 커이-약-썬-파낙응안-.	저는 직원들을 초대하고 싶습니다.
ກະລຸນາຮັກສາຄວາມສະອາດ. 깔루나-학싸-쿠왐-싸앋-.	청결함을 유지해 주세요.
ກະລຸນາສອບຖາມຂໍ້ມູນໄດ້ທີ່ເບີ 856-21 7777 6770. 깔루나-썹-탐-커-문다이티-버- 856-21 7777 6770.	문의 사항은 856-21 7777 6770 번호로 정보를 받을 수 있습니다.

ຊ່ວຍ 쑤와이-	~해 주세요. (의뢰) 도와주다.
ເຈົ້າຊ່ວຍຂ້ອຍໄດ້ບໍ່? 짜오쑤와이-커이-다이버-?	나를 도와줄 수 있나요?
ມີຫຍັງໃຫ້ຊ່ວຍບໍ່? 미-낭-하이쑤와이-버-?	도와드릴 것이 있습니까?
ເຈົ້າຊ່ວຍສອນພາສາລາວໃຫ້ຂ້ອຍໄດ້ບໍ່? 짜오쑤와이-썬-파-싸-라오-하이커이-다이버-?	라오스어를 가르쳐줄 수 있나요?

ພວກເຂົາເຈົ້າຕ້ອງການການຊ່ວຍເຫຼືອຈາກ ລັດຖະບານ.

그들은 정부의 원조가 필요합니다.

무왁-카오짜오떵-깐-깐-쑤와이-르아-짝-랃타반-.

A 주어진 단어를 가지고 문장을 만들어보자.

예 ເຊີນນັ່ງ ___ ຖ້າ ___ ຈັກໜ່ອຍ ເດີ ___ (ຖ້າ/ນັ່ງ/ເດີ)
잠시 앉아서 기다려 주십시오.

1. ລາວບໍ່ ___ ຄົນ ___ (ເກົາຫຼີ/ແມ່ນ/ເປັນ)
저는 한국 사람이 아닙니다.

2. ນີ້ ___ ຫຍັງ? (ແມ່ນ/ເປັນ)
이것은 무엇입니까?

3. ນີ້ແມ່ນ ___ (ໜັງສືສັນຍາ/ໜັງສື)
이것은 계약서입니다.

4. ___ ___ ຫຍັງ? (ເຈົ້າ/ເປັນ/ຊື່)
이름은 무엇입니까?

5. ເຈົ້າ ___ ___ ບໍ່? (ນັກທຸລະກິດ/ເປັນ/ແມ່ນ)
당신은 사업가 입니까?

137

일상 예절

손윗사람에게는 두손을 합장한 후 고개를 살짝 숙여 "싸바이디"라는 말과 함께 한다.	함부로 머리를 만지거나 하는 행위는 무례 하다고 생각한다.
사원에 방문할 때는 짧은 반바지, 민소매 차림은 하지 않는 게 기본 예의다.	공공장소에서 큰소리로 떠들거나 고성방가는 삼가야 한다.
인물 사진 찍을 때는 허락을 받은 후 사진을 찍도록 하고 제한된 장소에서는 촬영을 금한다.	라오스 사람들은 발을 천하게 생각하므로 발짓을 하거나 발로 물건을 가리키는 행위를 하지 않도록 한다.
여성이 스님의 옷을 잡거나 악수 등과 같은 신체 접속은 금지되어 있다.	집안으로 들어갈 때는 신발을 벗도록 한다.

04 | 제4과

깐-내남무-합핍썹-위약-

ການແນະນຳຜູ້ຮັບຜິດຊອບຂອງໂຄ
책임자를 소개합니다

민쩡-
ມິນຈອງ
민정:

판-마-띤떠-때-탕-이-에우-, 미-쿠왐-닌디-양-닝므아-다이폼탄-뚜와-찡뱁-니-.

ຜ່ານມາຕິດຕໍ່ແຕ່ທາງອີເມວ, ມີຄວາມຍິນດີຢ່າງຍິ່ງເມື່ອ
ໄດ້ພົບທ່ານຕົວຈິງແບບນີ້.

그 동안 메일로만 연락드렸었는데, 이렇게 직접 뵈어서 더욱 반갑습니다.

껜-깨우-
ເກດແກ້ວ
껜깨우:

커이-쓰-껜-깨우-쏨펀, 푸-암누와이-깐-버-리싼탇-루왕-아이티-, 푸-합핍썹-깐-쎈싼냐-카니-. 니-맨-헝-깐-컹-팀-응안-판타나-. 떠-빠이짜내남무-짣깐- 위라씯티-짜합핍썹-콩-깐-니-.

ຂ້ອຍຊື່ເກດແກ້ວສົມພອນ, ຜູ້ອຳນວຍການບໍລິສັດ
ຫາດທຸ່ງອ່ວໄອທິ, ຜູ້ຮັບຜິດຊອບການເຊັ້ນສັນຍາຄັ້ງນີ້.
ນີ້ແມ່ນ ຫ້ອງການຂອງທິມງານພັດທະນາ.
ຕໍ່ໄປຈະແນະນຳຜູ້ຈັດການ
ວິລະສິດທິ່ຈະຮັບຜິດຊອບໂຄງການນີ້.

제가 이번 계약을 담당하는 탓루앙 IT 이사 껜깨우 쏨펀입니다.
이곳은 저희 개발팀 사무실입니다.
이번 프로젝트를 담당할 위라씯 관리자님을 소개합니다.

민쩡-
ມິນຈອງ
민정:

오-! 맨-버-, 닌디-티-후-짝. 푸-짣깐-.

ໂອ! ແມ່ນບໍ. ຍິນດີທີຮູ້ຈັກ. ຜູ້ຈັດການ.

아! 그러셨군요. 반갑습니다. 관리자님.

ເຈດແກ້ວ
겔깨우:

탄-빠탄-쏜짜이끼야우-깝르앙-니-라이-.

ທ່ານປະທານສົນໃຈກ່ຽວກັບເລື່ອງນີ້ຫຼາຍ.

저희 사장님께서 이번 건에 대해 관심이 많으십니다.

ມິນຈອງ
민정:

뻰카우-디-양-닝. 탕파이-푸왁-하오꺼-미-쿠왐-왕쎈난.

ເປັນຂ່າວດີຢ່າງຍິ່ງ. ທັງຝ່າຍພວກເຮົາກໍ່ມີຄວາມຫວັງ
ເຊັ່ນນັ້ນ.

반가운 소식이군요. 저희 쪽에서도 기대를 많이 하고 있습니다.

ເຈດແກ້ວ
겔깨우:

칸싼떠-빠이, 커이-짜파-러쏨버-리쌋 래 짜내남파낙응안-펌-라이-.

ຄັນຊັ້ນຕໍ່ໄປ, ຂ້ອຍຈະພາເລາະຊົມບໍລິສັດ ແລະ
ຈະແນະນຳພະນັກງານພ້ອມເລີຍ.

그럼 이제, 저희 회사를 함께 둘러보며 직원들을 소개해 드리겠습니다.

ມິນຈອງ
민정:

디-. 커이-꺼-왕짜다이후왐-응안-깝푸왁-탄-.

ດີ, ຂ້ອຍກໍ່ຫວັງຈະໄດ້ຮ່ວມງານກັບພວກທ່ານ.

좋습니다. 어떤 분들과 함께 할지 기대됩니다.

ເຈດແກ້ວ
겔깨우:

짜오, 칸싼 썬-탕-니-더-.

ເຈົ້າ, ຄັນຊັ້ນ ເຊີນທາງນີ້ເດີ.

네. 그럼 이쪽으로 가시죠.

- 이분은 IT부서 팀장입니다.
  ນີ້ແມ່ນທ່ານຫົວໜ້າທີມງານໄອທີ. 니-맨-탄-후와-나-팀-응안-아이티- .
- 이분은 마케팅 부문장입니다.
  ນີ້ແມ່ນທ່ານຫົວໜ້າພະແນກການຕະຫຼາດ. 니-맨-탄-후와-나-파낵-깐-딸랏-.
- 이분은 금융 부문장입니다.
  ນີ້ແມ່ນທ່ານຫົວໜ້າພະແນກການເງິນ. 니-맨-탄-후와-나-파낵-깐-응언.
- 이 분은 회계사입니다. ນີ້ແມ່ນນາຍບັນຊີ. 니-맨-나이-반씨-.
- 이곳은 사장실입니다.
  ນີ້ແມ່ນຫ້ອງເຮັດວຽກຂອງທ່ານປະທານ. 니-맨-헝-헫위악-컹-탄-빠탄-.
- 이곳은 행정실입니다. ນີ້ແມ່ນຫ້ອງການບໍລິຫານ. 니-맨-헝-깐-버-리한-.
- 이곳은 저희 개발팀 사무실입니다.
  ນີ້ແມ່ນຫ້ອງການຂອງທີມງານພັດທະນາ. 니-맨-헝-깐-컹-팀-응안-팓타나.
- 하고 싶은 질문이 있으세요? ມີຫຍັງຢາກຖາມບໍ່? 미-냥-약-탐-버-?
- 더 관심 있는 것이 있으세요? ມີຫຍັງສົນໃຈຕື່ມບໍ່? 미-냥-쏜짜이뜸-버-?

소개하다	ແນະນຳ	내남	책임자	ຜູ້ຮັບຜິດຊອບ	푸-합핃썹-
일	ວຽກ	위약-	이전에, 통과하다	ຜ່ານມາ	판-마-
연락하다	ຕິດຕໍ່	띧떠-	지나다.	ຜ່ານໄປ	판-빠이
기쁨	ຄວາມຍິນດີ	쿠왐-닌디-	더욱, 극도로	ຢ່າງຍິ່ງ	양-닝
~때	ເມື່ອ	므아	실제로, 원형	ຕົວຈິງ	뚜와-찡
감독	ຜູ້ອຳນວຍການ	푸-암누와이-깐-	책임지다	ຮັບຜິດຊອບ	합핃썹-
이번에	ຄັ້ງນີ້	캉니-	계약에 사인하다.	ເຊັນສັນຍາ	쎈싼냐-

141

사무실	ຫ້ອງການ	헝-깐-	팀	ທິມງານ	팀-응안-
개발되다	ພັດທະນາ	팟타나-	다음의	ຕໍ່ໄປ	떠-빠이
관리자, 과장	ຜູ້ຈັດການ	푸-짯깐-	계획	ໂຄງການ	콩-깐-
회사 사장	ປະທານບໍລິສັດ	빠탄-버-리쌋	관심을 갖다	ສົນໃຈ	쏜짜이
이야기, 주제	ເລື່ອງ	르앙-	소식, 뉴스	ຂ່າວ	카우-
모두	ທັງ, ທັງໝົດ	탕, 탕몯	측, 부분, 부문	ທາງຝ່າຍ	탕-파이-
희망하다	ຫວັງ	왕	예상대로, ~와 같이	ເຊັ່ນ	쎈
둘러보다	ພາເລາະຊົມ	파-러쏨	직원	ພະນັກງານ	파낙응안-
함께 (일)하다	ຮ່ວມງານ	후왐-응안-	지위	ຕຳແໜ່ງງານ	땀넝-응안-
팀장	ຫົວໜ້າທິມງານ	후와-나-팀-응안-	대통령	ປະທານປະເທດ	빠탄-빠텓-
회계사	ນາຍບັນຊີ	나이-반씨-	주지사	ເຈົ້າແຂວງ	짜오쾡-
마을장, 마을 수석	ນາຍບ້ານ	나이-반-	협회 회장	ຫົວໜ້າສະມາຄົມ	후와-나-싸마-콤
권한, 권력, 힘	ອຳນາດ	암낟-	입법	ນິຕິບັນຍັດ	니띠반냗
행정	ບໍລິຫານ	버-리한-	사법	ຕຸລາການ	똘라-깐-
국회	ສະພາແຫ່ງຊາດ	싸파-행-쌋-	국회의원	ສະມາຊິກສະພາແຫ່ງຊາດ	싸마-씩싸 파-행-쌋

➡ 명사형 만들기

라오스어의 명사는 보통명사, 고유명사로 나뉘며, 그 밖에 동사나 형용사 앞에 'ການ 깐-'이나 'ຄວາມ 쿠왐-'과 같은 접두사를 붙여 추상 명사형을 만들 수 있다.

동작이나 행위	ການ 깐- + 동사 = 명사
ປະຊຸມ 빠쏨 : 회의하다	ການປະຊຸມ 깐-빠쏨 : 회의, 모임
ນັດ 낟 : 약속하다	ການນັດ 깐-낟 : 약속

142

ເຊັນສັນຍາ 쎈싼냐- : 계약서에 사인하다	ການເຊັນສັນຍາ 깐-쎈싼냐- : 계약
ກະກຽມ 까끼얌- : 준비하다	ການກະກຽມ 깐-까끼얌- : 준비
ລົງທຶນ 롱튼 : 투자하다	ການລົງທຶນ 깐-롱튼 : 투자
ຖຽງກັນ 티양-깐 : 다투다	ການຖຽງກັນ 깐-티양-깐 : 다툼
ກິນ 낀 : 먹다	ການກິນ 깐-낀 : 식사

심리	ຄວາມ 쿠왐- + 형용사/동사 = 명사
ສຸກ 쑥 : 행복한	ຄວາມສຸກ 쿠왐-쑥 : 행복
ຈິງ 찡 : 진실한	ຄວາມຈິງ 쿠왐-찡 : 진실
ງາມ 응암- : 아름다운	ຄວາມງາມ 쿠왐-응암- : 미, 아름다움
ສຸພາບ 쑤팝- : 예의 바르다	ຄວາມສຸພາບ 쿠왐-쑤팝- : 공손함, 정중함
ຍິນດີ 닌디- : 기쁘다	ຄວາມຍິນດີ 쿠왐-닌디- : 기쁨
ເຂົ້າໃຈ 카오짜이 : 이해하다	ຄວາມເຂົ້າໃຈ 쿠왐-카오짜이 : 이해, 이해력

연습하기

A 다음 동사를 관련있는 명사와 서로 연결해보자.

A. 연락하다 •   • a. ການສະເໜີ 깐-싸너-

B. 총명하다 •   • b. ຄວາມສະຫຼາດ 쿠왐-싸얃-

C. 투자하다 •   • c. ການຕິດຕໍ່ 깐-띧떠-

D. 깨끗하다 •   • d. ການແນະນຳ 깐-내남

E. 추천하다 •   • e. ການລົງທຶນ 깐-롱튼

F. 제안하다 •   • f. ຄວາມສະອາດ 쿠왐-쌀랃-

G. 연결하다 •   • g. ການເຊື່ອມຕໍ່ 깐-쓰암-떠-

라오스 정부 조직도

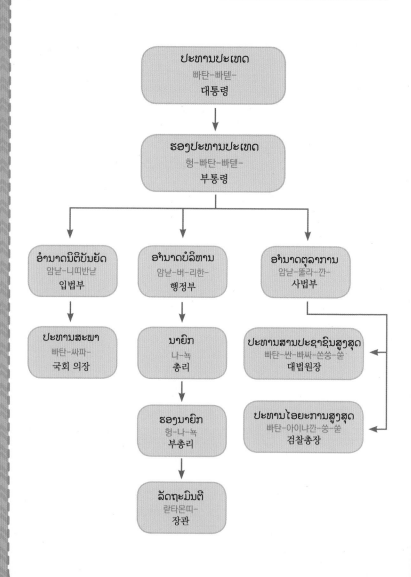

라오스 주요 정부기관

국방부	ກະຊວງປ້ອງກັນປະເທດ 까쑤왕-뻥-깐빠텓-
공안부	ກະຊວງປ້ອງກັນຄວາມສະຫງົບ 까쑤왕-뻥-깐쿠왐-싸응옵
내무부	ກະຊວງພາຍໃນ 까쑤왕-파이-나이
외무부	ກະຊວງການຕ່າງປະເທດ 까쑤왕-깐-땅-빠텥-
법무부	ກະຊວງຍຸຕິທຳ 까쑤왕-뉴띠탐
교육·체육부	ກະຊວງສຶກສາທິການ ແລະ ກິລາ 까쑤왕-쓱싸-티깐- 래 낄라-
보건부	ກະຊວງສາທາລະນະສຸກ 까쑤왕-싸-타-라나쑥
정보·문화·관광부	ກະຊວງຖະແຫຼງຂ່າວ, ວັດທະນະທຳ, ການທ່ອງທ່ຽວ 까쑤왕-탈랭-카우-, 왇타나탐, 깐-텅-티야우-
노동·사회복지부	ກະຊວງແຮງງານ ແລະ ສະຫວັດດິການສັງຄົມ 까쑤왕-행-응안 래 싸왇디-깐-쌍콤
기획투자부	ກະຊວງແຜນການ ແລະ ການລົງທຶນ 까쑤왕-팬-깐- 래 깐롱튼
재무부	ກະຊວງການເງິນ 까쑤왕-깐-응언
천연자원·환경부	ກະຊວງຊັບພະຍາກອນທຳມະຊາດ ແລະ ສິ່ງແອດລ້ອມ 까쑤왕-쌉파냐-껀-탐마쌷- 래 씽왣-럼-
농업·임업부	ກະຊວງກະສິກຳ ແລະ ປ່າໄມ້ 까쑤왕-까씨깜 래 빠-마이
에너지·광산부	ກະຊວງພະລັງງານ ແລະ ບໍ່ແຮ່ 까쑤왕-팔랑응안- 래 버-해-
산업·통상부	ກະຊວງອຸດສາຫະກຳ ແລະ ການຄ້າ 까쑤왕-욷싸-하깜 래 깐-카-
공공사업·교통부	ກະຊວງໂຍທາທິການ ແລະ ຂົນສົ່ງ 까쑤왕-뇨-타-티깐- 래 콘쏭
과학·기술부	ກະຊວງວິທະຍາສາດ ແລະ ເຕັກໂນໂລຊີ 까쑤왕-위타냐-쌷- 래 떽놀-로-씨-
우정통신부	ກະຊວງໄປສະນີໂທລະຄົມມະນາຄົມ ແລະ ການສື່ສານ 까쑤왕-빠이싸니-토-라콤마나-콤 래 깐-쓰-싼-
감사원	ອົງການກວດສອບແຫ່ງລັດ 옹깐-쿠왇-썹-행-랃

05 제5과

버-리쌀컹-푸왁-하오맨-아이티-헙-까올리-
ບໍລິສັດຂອງພວກເຮົາແມ່ນໄອທີຮອບເກົາຫຼີ
저희 회사는 IT허브코리아입니다

민쩡-

ມິນຈອງ
민정:

아이티-헙-까올리-쌍-땅큰나이삐-능판까오허이-까오십하-, 투라낀락맨-남카오 쏭억-
우빠컨-탕-아이티- 래 팓타나-껨-.

ໄອທີຮອບເກົາຫຼີສ້າງຕັ້ງຂຶ້ນໃນປີ1995,
ທຸລະກິດຫຼັກແມ່ນນຳເຂົ້າ-ສົ່ງອອກອຸປະກອນທາງໄອທີ
ແລະ ພັດທະນາເກມ.

저희 IT허브코리아는 1995년에 설립되었으며, IT분야 장비 수출입과, 게임 개발을 주 업무로 하고 있습니다.

껜-깨우-

ເກດແກ້ວ
껜깨우:

오-! 맨-버-. 카낟-나이빤-다이?

ໂອ! ແມ່ນບໍ. ຂະໜາດໃຫຍ່ປານໃດ?

아! 그렇군요. 규모는 어느 정도인가요?

미-파낙응안-탕-몯 쌈-러이-콘, 래 미-싸-카-유-나이 씨-뚜와-므앙-나이.

ມິນຈອງ
민정:

ມີພະນັກງານທັງໝົດ 300ຄົນ, ແລະ ມີສາຂາຢູ່ໃນ
4ຕົວເມືອງໃຫຍ່.

총 300명의 직원이 있으며, 주요 도시 네 곳에 지점이 있습니다.

오-! 카냉-아이티-니-꾸왕-너. 벙크-씨뻰옹껀-버-리쌀티-디-.

ເກດແກ້ວ
껜깨우:
ໂອ! ຂະແໜງໄອທີນີ້ກວ້າງເນາະ. ເບິ່ງຄືຊິເປັນອົງກອນ
ບໍລິສັດທີ່ດີ.

와~ IT 분야에서는 큰 규모군요. 조직화가 잘 된 기업인 것 같습니다.

컵-짜이. 꺼-맨-년-무왁-하오다이카이-껨-디-.

ມິນຈອງ
민정:
ຂອບໃຈ. ທ່ໍແມ່ນຍ້ອນພວກເຮົາໄດ້ຂາຍເກມດີ.

감사합니다. 저희가 개발한 게임이 잘 팔린 덕분입니다.

미-우빠껀-티-팔릳엥-도이-꽁나이아이티-헙-까올리-버-?

ເກດແກ້ວ
껜깨우:
ມີອຸປະກອນທີ່ຜະລິດເອງໂດຍກົງໃນໄອທິຮອບເກົາຫຼີບໍ່?

IT허브코리아에서 직접 생산하는 장비들도 있나요?

버-, 버-미-. 우빠껀-탕몯맨-남카오.

ມິນຈອງ
민정:
ບໍ່, ບໍ່ມີ. ອຸປະກອນທັງໝົດແມ່ນນຳເຂົ້າ.

아니요, 없습니다. 장비는 전량 수입하고 있습니다.

커-톧-, 년-카이-빠짬삐-다이라이-빤-다이?

ເກດແກ້ວ
껜깨우:
ຂໍໂທດ, ຍອດຂາຍປະຈຳປີໄດ້ຫຼາຍປານໃດ?

실례지만, 연간 매출액은 어느 정도인가요?

삐-까이-년-카이-맨-하-판란-원-.

ມິນຈອງ
민정:
ປີກາຍຍອດຂາຍ ແມ່ນ 5,000,000,000(ຫ້າພັນລ້ານ)
ວອນ.

지난해 매출은 50억원이었습니다.

- 이 회사는 어떤 분야의 회사인가요?
ບໍລິສັດນີ້ແມ່ນບໍລິສັດເຮັດທຸລະກິດປະເພດໃດ?
버-리쌀니-맨-버-리쌀헫투라낃빠펟-다이?

- 회사가 설립된 지 얼마나 되었나요?
ບໍລິສັດສ້າງຕັ້ງມາດົນປານໃດແລ້ວ? 버-리쌀쌍-땅마-돈빤-다이래우-?

- 회사는 어느 해에 설립되었나요?
ບໍລິສັດສ້າງຕັ້ງຂຶ້ນປີໃດ? 버-리쌀쌍-땅큰삐-다이?

- 회사는 2015년에 설립되었습니다.
ບໍລິສັດສ້າງຕັ້ງຂຶ້ນໃນປີ2015. 버-리쌀쌍-땅큰나이삐-썽-판십하-.

- 매출이 높습니다. ຍອດຂາຍສູງ. 녇-카이-쑹-.

- 매출이 감소했습니다. ຍອດຂາຍຕົກຕ່ຳ. 녇-카이-똑땀.

- 매출이 증가했습니다. ຍອດຂາຍເພີ່ມຂຶ້ນ. 녇-카이-펌큰.

- 전 상품들을 직접 생산하였습니다.
ສິນຄ້າທັງໝົດແມ່ນຜະລິດເອງ. 씬카-탕몯맨-팔릳엥-.

- 이것은 잘 팔리는 상품입니다.
ອັນນີ້ເປັນສິນຄ້າທີ່ຂາຍດີ. 안니-뻰씬카-티-카이-디-.

- 직원 수는 모두 몇 명입니까?
ມີພະນັກງານທັງໝົດຈັກຄົນ? 미-파낙응안-탕몯짝콘?

- 다른 지점은 어디에 있나요? ມີສາຂາຢູ່ໃສແດ່? 미-싸-카-유-싸이대-?

- IT허브 회사는 중소기업입니다.
ບໍລິສັດໄອທີຮັບເປັນວິສາຫະກິດຂະໜາດກາງ. 버-리쌀아이티-헙-뻰위싸-하낃카낟-깡-.

- 대기업입니다. ວິສາຫະກິດຂະໜາດໃຫຍ່. 위싸-하낃카낟-나이.

한국어	라오어	발음	한국어	라오어	발음
설립하다	ສ້າງຕັ້ງ	쌍-땅	올라가다, 타다, 뜨다	ຂຶ້ນ	큰
주요 사업	ທຸລະກິດຫຼັກ	투라낃락	수입	ນຳເຂົ້າ	남카오
장비, 설비	ອຸປະກອນ	우빠껀-	수출	ສົ່ງອອກ	쏭억-
개발되다	ພັດທະນາ	팓타나-	크기	ຂະໜາດ	카낟-
어느 정도	ປານໃດ	빤-다이	큰	ໃຫຍ່	냐이
중간	ກາງ	깡-	작은	ນ້ອຍ	너이-
모두	ທັງໝົດ	탕몯	지점	ສາຂາ	싸-카-
도시	ຕົວເມືອງ	뚜와-므앙-	부문	ຂະແໜງ	카냉-
넓은	ກວ້າງ	꾸왕-	조직, 기구, 단체	ອົງກອນ	옹껀-
생산하다	ຜະລິດ	팔릳	스스로	ເອງ	엥-
직접적으로	ໂດຍກົງ	도이-꽁	매출액/판매액	ຍອດຂາຍ	녇-카이-
연간	ປະຈຳປີ	빠짬삐-	작년	ປີກາຍ	삐-까이-
올해	ປີນີ້	삐-니-	내년	ປີໜ້າ	삐-나-
상품	ສິນຄ້າ	씬카-	기업	ວິສາຫະກິດ	위싸-하낃
종류	ປະເພດ	빠펟-	품질	ຄຸນນະພາບ	쿤나팝-
수익/이익/이윤	ກຳໄລ	깜라이	설계	ການອອກແບບ	깐-억-뱁-
높은 이익	ກຳໄລສູງ	깜라이쑹-	낮은 이익	ກຳໄລຕ່ຳ	깜라이땀-

문법과 활용

➡ 본문의 응용

ປານໃດ ^{빤–다이}	~어느 정도, 별로, 그다지
ຂະໜາດໃຫຍ່ປານໃດ? 카낟–냐이빤–다이?	규모는 어느 정도인가요?
ຄຸນນະພາບດີປານໃດ? 쿤나팝–디–빤–다이?	품질은 어느 정도 좋은가요?
ເຈົ້າຊິຢູ່ລາວດົນປານໃດ? 짜오씨유–라오–돈빤–다이?	라오스에는 얼마간 계실 건가요?
ຂ້ອຍບໍ່ມັກຫຼິ້ນເກມປານໃດ. 커이–버–막린껨–빤–다이.	게임을 별로 좋아하지 않아요.

ຄຊິ ^{크–씨}, ຄຈະ ^{크–짜}, ຄົງຈະ ^{콩짜}	아마 ~일 것 같다.
ເບິ່ງຄຊິມາທ່ຽວແມ່ນບໍ່? 벙크–씨마–티야우–맨–버–?	여행 왔나 봐요?
ມື້ອື່ນຝົນຄຈະຕົກ. 므–은–폰크–짜똑.	내일 비가 올 것 같아요.
ໝູ່ຂ້ອຍຄຈະມາລາວ. 무–커이–크–짜마–라오–.	친구가 라오스에 올 것 같아요.
ຍົນຄຈະຮອດຊ້າ. 뇬크–짜헏–싸–.	비행기가 늦게 도착할 것 같아요.
ຮ້ານອາຫານອີຕາລີຄຈະແພງ. 한–아–한–이–따–리–크–짜팽–.	이탈리안 식당은 비쌀 것 같아요.
ມື້ນີ້ ກວດແກ້ປຶ້ມທັງໝົດຄົງຈະບໍ່ແລ້ວ. 므–니– 꾸왇–깨–쁨–탕몯콩짜버–래우.	오늘 책을 모두 수정 할 수 없을 것 같아요.

ຂໍໂທດ ^{커–톧–}	미안합니다. 실례합니다.
ຂໍໂທດ. ປະຕູໄຊຢູ່ບ່ອນໃດ? 커–톧–빠뚜–싸이유–번–다이?	실례합니다. 빠뚜싸이가 어디 있나요?
ຂໍໂທດມາຊ້າ. 커–톧–마–싸–.	늦어서 미안합니다.

A 알맞은 단어를 서로 연결해보자.

A. 사업가   •   • a. ລູກຄ້າ 룩-카-

B. 노동자   •   • b. ພະນັກງານ 파낙응안-

C. 엔지니어   •   • c. ນັກຫຸລະກິດ 낙투라낃

D. 디자이너   •   • d. ນັກອອກແບບ 낙억-뱁-

E. 직원   •   • e. ກຳມະກອນ 깜마껀-

F. 고객   •   • f. ວິສະວະກອນ 위싸와껀-

G. 회사   •   • g. ອາຊິບ 아-씹-

H. 직업   •   • h. ບໍລິສັດ 버-리쌑

라오스 회사의 종류

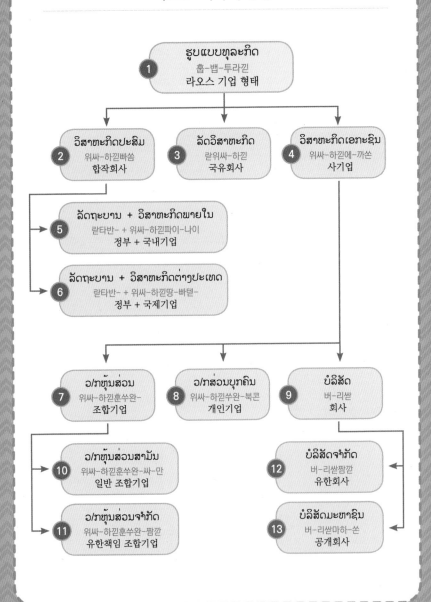

1. ຮູບແບບທຸລະກິດ
   훕-뱁-투라낃
   라오스 기업 형태

2. ວິສາຫະກິດປະສົມ
   위싸-하낃빠쏨
   합작회사

3. ລັດວິສາຫະກິດ
   랃위싸-하낃
   국유회사

4. ວິສາຫະກິດເອກະຊົນ
   위싸-하낃에-까쏜
   사기업

5. ລັດຖະບານ + ວິສາຫະກິດພາຍໃນ
   랃타반- + 위싸-하낃파이-나이
   정부 + 국내기업

6. ລັດຖະບານ + ວິສາຫະກິດຕ່າງປະເທດ
   랃타반- + 위싸-하낃땅-빠텓-
   정부 + 국제기업

7. ອ/ກທຶນສ່ວນ
   위싸-하낃훈쑤완-
   조합기업

8. ອ/ກສ່ວນບຸກຄົນ
   위싸-하낃쑤완-북콘
   개인기업

9. ບໍລິສັດ
   버-리쌷
   회사

10. ອ/ກທຶນສ່ວນສາມັນ
    위싸-하낃훈쑤완-싸-만
    일반 조합기업

11. ອ/ກທຶນສ່ວນຈຳກັດ
    위싸-하낃훈쑤완-짬깓
    유한책임 조합기업

12. ບໍລິສັດຈຳກັດ
    버-리쌷짬깓
    유한회사

13. ບໍລິສັດມະຫາຊົນ
    버-리쌷마하-쏜
    공개회사

① 라오스 기업 형태

② 합작회사: 국내외의 개인 또는 법인투자 공동으로 설립한 회사

▶ **⑤** 정부 + 국내기업

▶ **⑥** 정부 + 국제기업

③ 국유회사: 50% 이상 소유로 정부가 설립한 회사

④ 사기업

▶ **⑦** 조합기업: 2인 이상의 투자자가 이익을 배분할 목적으로 설립한 기업

－ **⑩** 일반 조합기업: 직접 회사 운영, 모든 사원이 무한 연대 책임을 지면서 사업을 운영

－ **⑪** 유한책임 조합기업: 유한책임 사원으로 구성되며, 일부는 무한책임을 지는 사원으로 구성

▶ **⑧** 개인기업: 개인 명의로 사업을 운영하고 무한책임 사원으로 구성

▶ **⑨** 회사

－ **⑫** 유한회사: 1인이 설립한 유한회사와 주주 2명 이상 30명 이하 출자하는 일반 유한회사 형태가 있음. 라오스에서 가장 일반적인 기업 형태

－ **⑬** 공개회사: 기업공개 전체로 하는 회사형태로 유한회사와 동일하나 기업 등록일로부터 감사를 고용해야 함. 최소 9명의 발기인이 있어야 하며 주식공모가 가능하다는 점이 유한회사와 큰 차이점이라 할 수 있음. 상장회사의 기본적인 법인 형태

짜담넌-투라낃

06 제6과 ຈະດຳເນີນທຸລະກິດ 사업을 진행하려고 합니다

대화

민쩡- 삐-니-미-팬-깐-짜담넌-응안-투라낃나이라오-.

ມິນຈອງ **ປີນີ້ມີແຜນການຈະດຳເນີນງານທຸລະກິດໃນລາວ.**

민정: 올해는 라오스에서 새로운 사업을 진행할 계획입니다.

껟-깨우- 맨-버-. 깜랑까끼얌-투라낃빠펜-다이너?

ເກດແກ້ວ **ແມ່ນບໍ. ກຳລັງກະກຽມທຸລະກິດປະເພດໃດເນາະ?**

껟깨우: 그래요. 어떤 사업을 준비 중이신가요?

깜랑까끼얌-껨-짬렁-므안-찡도이-싸이티우탇탐마싿-나이라오-뻰픈-랑.

ມິນຈອງ **ກຳລັງກະກຽມເກມຈຳລອງເໝືອນຈິງ(VR-game)ໂດຍໃຊ້ທິວທັດທຳມະຊາດໃນລາວເປັນພື້ນຫຼັງ.**

민정: 라오스의 자연경관을 배경으로 한 VR기반 게임을 준비 중입니다.

오-! 나-쏜짜이태-! 미-싸탄-티-다이유-나이짜이래우-버-?

ເກດແກ້ວ **ໂອ! ໜ້າສົນໃຈແທ້! ມີສະຖານທີ່ໃດຢູ່ໃນໃຈແລ້ວບໍ່?**

껟깨우: 오! 흥미로운 일인데요! 생각하시는 장소가 있으신가요?

킫와-콩뻰왕위양- 래 씨-판던-티-미-낙텅-티야우-라이-.

ມິນຈອງ **ຄິດວ່າຄືງເປັນວັງວຽງ ແລະ ສີ່ພັນດອນທີ່ມີນັກທ່ອງທ່ຽວຫຼາຍ.**

민정: 관광객들이 많이 찾는 방비엥과 씨판던을 생각중입니다.

탐띵티-루왕-파방-꺼-뻰싸탄-티-탐마싿-티-나-쏜짜이다이.

ເກດແກ້ວ **ຖ້ຳຕິ່ງທີ່ຫຼວງພະບາງກໍ່ເປັນສະຖານທີ່ທຳມະຊາດທີ່ໜ້າສົນໃຈໄດ໋**

껟깨우: 루앙프라방에 있는 탐띵동굴도 흥미로운 자연을 가진 지역입니다.

ມິນຈອງ
민정:

ອາ! ແມ່ນບໍ! ຂອບໃຈສຳລັບຂໍ້ມູນດີໆ.
ບໍລິສັດທາດຫຼວງໄອທີເດ ແຜນພິເສດປີນີ້ແມ່ນຫຍັງ?

아! 그렇군요! 좋은 정보 감사합니다.
탓루왕 IT의 올해의 특별한 계획은 무엇인가요?

푸왁-하오미-팬-티-짜쌍-싸타-반콘쿠와-나이켇-빡-쎄-.

ເຈດແກ້ວ
젠깨우:

ພວກເຮົາມີແຜນທີ່ຈະສ້າງສະຖາບັນຄົ້ນຄວ້າໃນເຂດ
ປາກເຊ.

저희는 빡쎄 지역에 연구소를 설립할 계획입니다.

유용한 표현

- 라오스의 수도는 비엔티안입니다.
  ນະຄອນຫຼວງຂອງປະເທດລາວແມ່ນວຽງຈັນ. 나컨-루왕-컹-빠텓-라오-맨-위양-짠.

- 어느 지역에서 사업을 진행하려고 합니까?
  ມີແຜນຈະດຳເນີນທຸລະກິດຢູ່ແຂວງໃດ? 미팬-짜담년-투라낃유-쾡-다이-?

- 관광지로 유명한 도시는 어디입니까?
  ເມືອງໃດທີ່ມີຊື່ສຽງສຳລັບການທ່ອງທ່ຽວ?
  므앙-다이-티-미-쓰-씨양-쌈랍깐-텅-티야우-?

- 라오스는 몇 개의 구로 나뉘어 있습니까?
  ປະເທດລາວແບ່ງອອກເປັນຈັກແຂວງ? 빠텓-라오-뱅-억-뻰짝쾡-?

- 관광객들이 가장 많이 찾는 곳은 어디입니까?
  ສະຖານທີ່ໃດທີ່ມີນັກທ່ອງທ່ຽວຫຼາຍທີ່ສຸດ?
  싸탄-티-다이-티-미-낙텅-티야우-라이-티-쑫?

- 무슨 주제에 대해 훈련하려고 합니까?
  ມີແຜນຈະຝຶກອົບຮົມກ່ຽວກັບຫຍັງ? 미-팬-짜픅옵홈끼야우-깝냥?

- 회사는 어떻게 시장을 확장하려고 합니까?
  ບໍລິສັດມີແຜນຈະຂະຫຍາຍຕະຫຼາດແນວໃດ?
  버-리쌷미-팬-짜카냐이-딸랃-내우-다이?

- 회사에 새로운 직원이 필요합니까?
  ບໍລິສັດຕ້ອງການພະນັກງານໃໝ່ບໍ? 버-리쌷떵-깐-파낙응안-마이-버-?

(일을)진행하다	ດຳເນີນ(ງານ)	담넌-(응안-)	계획	ແຜນ(ງານ)	팬-(깐-)
어떤 사업	ທຸລະກິດປະເພດໃດ	투라낃빠펟-다이-	자연	ທຳມະຊາດ	탐마쌷-
준비하다	ກະກຽມ	까끼얌-	모조하다	ຈຳລອງ	짬렁-
현실	ເພື່ອນຈິງ	프안-찡	풍경	ທິວທັດ	티우탇
배경	ພື້ນຫລັງ	픈-랑	흥미로운	ໜ້າສິນໃຈ	나-쓴짜이
아마, 계속	ຄົງ	콩	관심이 있다	ມີຄວາມສິນໃຈ	미-쿠왐-쏜짜이
장소, 지점	ສະຖານ(ທີ່)	싸탄-(티-)	여행하다	ທ່ອງທ່ຽວ	텅-티야우-
세우다	ສ້າງ	쌍-	특별하다	ພິເສດ	피쎋-
연구소	ສະຖາບັນຄົ້ນຄວ້າ	싸타-반콘쿠와-	지역	ເຂດ	켇-
수도	ນະຄອນຫຼວງ	나컨-루왕-	도,주(지역)	ແຂວງ	쾡-
주소	ທີ່ຢູ່	티-유-	시, 군(지역)	ເມືອງ	므앙-
훈련하다	ຝຶກອົບຮົມ	푹옵홈	동, 리(지역)	ບ້ານ	반-
나누다	ແບ່ງ	뱅-	확장하다	ຂະຫຍາຍ	카나이-

➡ 본문의 응용

ໃນ 나이	~안에, ~에서
ເຈົ້າມີທຸລະກິດໃນລາວບໍ່? 짜오미-투라낃나이라오-버-?	라오스에서 사업하십니까?
ໃນປະເທດລາວມີຊ້າງຫຼາຍ. 나이빠텓-라오-미-쌍-라이-.	라오스에 코끼리가 많이 있어요.

ໂດຍ 도이-, **ທາງ** 탕-, **ດ້ວຍ** 두와이-, **ນໍາໂດຍ** 남도이-	~으로(by), ~의해서 전치사로 비슷한 의미로 쓰인다.
ເກີບນີ້ເຮັດໂດຍບໍລິສັດອາດິດັດສ໌. 껍-니-헫도이버-리쌋아-디-닫쓰.	이 신발은 아디다스 회사에서 만듭니다.
ປຶ້ມນີ້ຂຽນໂດຍຮັກກູ່ ແລະ ສຸພິນ. 쁨-니-키얀-도이학꾸-래쑤핀.	이 책은 학구와 수핀에 의해 쓰였습니다.
ຂອງ 컹-	'~의' 소유격으로 일상적인 표현에서 생략하는 경우가 많다.
ຊື່ຂອງເຈົ້າແມ່ນຫຍັງ? 쓰-컹-짜오맨-냥?	당신의 이름은 무엇입니까?
ລົດຂອງເຈົ້າແມ່ນລົດຫຍັງ? 롣컹-짜오맨-롣냥?	당신의 자동차는 무엇입니까?

연습하기

 다음 문장을 알맞게 배열해 보자.

1. ໜ້າສົນໃຈ / ໂອ! / ແທ້

   _____

   오! 진짜 흥미로운 일인데요.

2. ທຸລະກິດ / ມີແຜນການ / ຈະດໍາເນີນງານ / ໃໝ່ / ລາວ / ໃນ

   _____

   라오스에서 새로운 사업을 진행하려고 합니다.

3. ຂ້ອຍ / ມີ / ສາຂາ / ປາກເຊ / ຢູ່ / ແຜນຈະຂະຫຍາຍ

   _____

   빡쎄(도시이름)에서 지점을 확장할 계획이 있습니다.

시간이 머무르는 곳 – 방비엥(Vang Vieng)

수도 비엔티안에서 13번 국도를 따라 약 150km, 3~4시간에 도달할 수 있는 곳으로 작지만 여행자들을 끌어모으는 마을 방비엥. 베트남 전쟁 기간이었던 1964년부터 1973년까지 미국이 이곳에 공군 기지를 세우고 도로와 활주로 등 기반 시설을 건설하면서 마을의 규모가 확장되었다.

방비엥은 수도 비엔티안과 세계문화유산으로 지정된 유럽의 파리로 불리는 루앙프라방의 거점 도시이다. 마을의 가운데로는 쏭강과 카르스트 산으로 둘러싸여 있어 톡특한 절경으로 모든 여행자들을 떠나지 못하게 하는 곳이다. 짚라인, 카약킹과 튜빙를 타면서 각종 엑티비티를 즐길 수 있는 곳이다.

떵-깐-후왐-므-

ຕ້ອງການຮ່ວມມື
제휴하고 싶은데요

대화

ແຍກທຸກເຊັ້ມ

민쩡-

ມິນຈອງ

민정:

디야우-니-푸왁-카-파짜오약-싸너-훈쑤완-깐-판타나-쩸-쨤렁-므안-찡 하이깝버-리쌋탈-루왕-IT.

ດຽວນີ້ພວກຂ້າພະເຈົ້າຢາກສະເໜີທຸ່ມສ່ວນການ
ພັດທະນາເກມຈຳລອງ(ເໝືອນຈິງ)(VR-game)
ໃຫ້ກັບບໍລິສັດຫາດຫຼວງ IT.

저희는 이번에 탓루앙 IT에 VR게임 개발 제휴하고 싶은데요.

껜-깨우-

ເກດແກ້ວ

껜깨우:

흐. 쑤와이-아티바이-하이라이얕-다이버-?

ຫື. ຊ່ວຍອະທິບາຍໃຫ້ລະອຽດໄດ້ບໍ?

음. 좀 더 구체적으로 설명해주실 수 있나요?

ມິນຈອງ

민정:

탐일, 맨-다이잉-싸이씨-판던-뻰픈-랑싹-, 크-팬-깐-억-뱁-라이-싹-떤- 티-싸-맏-껃- 큰나이카나티-티야우-쏨씨-판던-나이라오- 프아-하이싸-맏-미-빠쑵깐-도이-탕-엄-. 펌-니-파-라낀티-싸-맏-빠띠받다이나이카나티야우-쏨씨-판던- 꺼-깜랑피짜-라나-쎈깐.

ທຳອິດ, ແມ່ນໄດ້ອຶງໃສ່ສິ່ງພັນດອມເປັນພື້ນຫຼັງສາກ,
ຄືແຜນການອອກແບບຫຼາຍສາກຕອນ ທີ່ສາມາດເກີດ
ຂຶ້ນໃນຂະນະທີ່ທ່ອງຊົມສິ່ງພັນດອມໃນລາວ
ເພື່ອໃຫ້ສາມາດມີປະສົບການໂດຍທາງອ້ອມ.
ພ້ອມນີ້ພາລະກິດທີ່ສາມາດປະຕິບັດໄດ້ໃນຂະນະ
ທ່ອງຊົມສິ່ງພັນດອມ ກໍກຳລັງພິຈາລະນາເຂົ້າກັນ.

우선 씨판던을 배경으로, 라오스 관광 중 일어날 수 있는 다양한 에피소드 들을 간접 체험 할 수 있도록 설계할 예정입니다.
실제 관광 중 수행할 수 있는 미션도 구상 중입니다.

ເກດແກ້ວ
젠깨우:

탄-미-헫-폰피쎋-안다이티-떵-깐-짜쁨훈쑤완-깝버-리싿푸왁-카-파짜오?

ທ່ານມີເຫດຜົນພິເສດອັນໃດທີ່ຕ້ອງການຈະເປັນຫຸ້ນສ່ວນ
ກັບບໍລິສັດພວກຂ້າພະເຈົ້າ?

저희 회사와 제휴하고자 하는 특별한 이유가 있습니까?

ມິນຈອງ
민정:

커이-킫콰-깐-뻰티-후-짝 래 미-쓰-씨양-컹-탈-루왕- IT 짜쑤와이-나이깐-코-싸나-
껨-컹-푸왁-카-파짜오.

ຂ້ອຍຄິດວ່າການເປັນທີ່ຮູ້ຈັກ ແລະ
ມີຊື່ສຽງຂອງຫາດຫຼວງ IT ຈະຊ່ວຍໃນການໂຄສະນາ
ເກມຂອງພວກຂ້າພະເຈົ້າ.

탓루앙 IT의 인지도와 이름이 저희 게임 홍보에 큰 도움이 될 것이라 생각
합니다.

ເກດແກ້ວ
젠깨우:

당티-탄-후-, 텅빠쭈반니- 푸와-카-파짜오꺼-버-다이헫냥쌈렏라이-나이단-껨-트아.

ຄັ້ງທີ່ທ່ານຮູ້, ເຖິງປະຈຸບັນນີ້ ພວກຂ້າພະເຈົ້າກໍ່ບໍ່ໄດ້ເຮັດ
ຫຍັງສຳເລັດຫຼາຍໃນດ້ານເກມເທື່ອ.

아시다시피, 저희는 아직까지 게임 분야에서는 큰 성과를 거두지 못했습니다.

ມິນຈອງ
민정:

버-떵-깡원. 타-탄-똑롱, 푸왁-카-파짜오맨-미-팬-짜짠쏭파낙응안-티-미-쿠왐-씨야
우-싼-단-뽀-깸썽-콘마-빠짬.

ບໍ່ຕ້ອງກັງວົນ. ຖ້າທ່ານຕົກລົງ, ພວກຂ້າພະເຈົ້າແມ່ນມີ
ແຜນຈະຈັດສົ່ງພະນັກງານທີ່ມີຄວາມຊ່ຽວຊານດ້ານໂປ
ແກຣມສອງຄົນມາປະຈຳ.

걱정하지 않으셔도 됩니다. 동의하신다면, 저희는 능력 있는 전문 프로그래
머 2명을 상주 파견할 예정입니다.

ເກດແກ້ວ
젠깨우:

맨-버-! 난콩쁜커-싸너-티-버-크이-미-쌈랍푸왁-카-파짜오.

ແມ່ນບໍ! ນັ້ນຄົງເປັນຂໍ້ສະເໜີທີ່ບໍ່ເຄີຍມີສຳລັບ
ພວກຂ້າພະເຈົ້າ.

와! 저희에겐 한 번도 없었던 파격적인 제안인 것 같습니다.

- 라오스의 도시 중 수출입업을 하기 좋은 도시는 어느 도시입니까?

ໃນຕົວເມືອງຂອງລາວນັ້ນ ຕົວເມືອງທີ່ເໝາະສົມສຳລັບທຸລະກິດນຳ
ເຂົ້າ-ສົ່ງອອກແມ່ນຕົວເມືອງໃດ?

나이뚜와-므앙-컹-라오-난, 뚜와-므앙-티-머쏨쌈랍투라낀남카오 래 쏭억-맨-뚜와-므앙-다이?

- 국제공항이 있는 도시는 어디입니까?

ຕົວເມືອງທີ່ມີເດີ່ນບິນສາກົນຢູ່ໃສ?

뚜와-므앙-티-미-던-빈싸-꼰유-싸이?

- 라오스에서 산업이 발달한 지역을 알려주세요.

ຂ້ອຍບອກຂ້ອຍກ່ຽວກັບເຂດພັດທະນາອຸດສາຫະກຳໃນປະເທດລາວແດ່.

쑤와이-벅-커이-끼야우-깝켑-팓타나-욷싸-하깜나이빠텐-라오-대-.

- 라오스에서 가장 많은 인구가 사는 곳은 어느 도시입니까?

ໃນປະເທດລາວ, ປະຊາກອນຄຳລົງຊີວິດຢູ່ຫຼາຍທີ່ສຸດແມ່ນແຂວງໃດ?

나이빠텐-라오-, 빠싸-껀-담롱씨-윈유-라이-티-쏟맨-캥-다이?

- 까이쎈 시에 대한 시장조사를 할 예정입니다.

ຈະມີການສຳຫຼວດຕະຫຼາດຕົວເມືອງໄກສອນ.

짜미-깐-쌈루왇-딸랃-뚜와-므앙-까이쎈-.

- INGO의 사업장은 어느 지역에 많이 있나요?

ອົງການ INGO ຢູ່ເຂດໃດມີຫຼາຍ?

옹깐- INGO 유-켇-다이미-라이-?

- 저희 기관이 라오스에 여성교육 사업을 하려면 어느 지역이 좋을까요?

ຖ້າວ່າອົງການຂອງຂ້ອຍຈະດຳເນີນໂຄງການການສຶກສາແກ່ແມ່ຍິງໃນ
ປະເທດລາວ, ເຂດໃດດີ?

타-와-옹깐-컹-커이-짜담넌-콩-깐-깐-쓱싸-깨-매-닝나이빠텐-라오-, 켇-다이디-?

- 이 지역에 꼭 필요한 시설은 무엇입니까?

ໃນເຂດນີ້ສາລະບຸປະໂພກທີ່ຈຳເປັນທີ່ສຸດແມ່ນຫຍັງ?

나이켇-니-쌀-라누빠폭-티-짬뻰티-쏟맨-냥-?

제휴하다, 협력하다	ຮ່ວມມື	후왐-므-	제안	ສະເໜີ	싸너-
제휴, 파트너	ຫຸ້ນສ່ວນ	훈쑤완-	개발	ການພັດທະນາ	깐-팓타나-
가상	ຈຳລອງ	짬렁-	현실	ເໝືອນຈິງ	므안-찡
상세하다	ລະອຽດ	라이얃-	설명하다	ອະທິບາຍ	아티바이-
기반	ອິງໃສ່	잉-싸이	배경	ພື້ນຫຼັງສາກ	픈-랑싹-
계획	ແຜນ(ການ)	팬-(깐-)	설계하다	ອອກແບບ	억-밷-
다양한	ລາກຫຼາຍ	락-라이	에피소드	ສາກຕອນ	싹-떤-
할 수 있다	ສາມາດ	싸-맏-	발생하다	ເກີດຂຶ້ນ	껃-큰
순간, 시각	ຂະນະ	카나	관광	ທ່ຽວຊົມ	티야우-쏨
경험	ປະສົບການ	빠쏩깐-	간접적으로	ໂດຍທາງອ້ອມ	도이-탕-엄-
미션	ພາລະກິດ	파-라낃	수행하다	ປະຕິບັດ	빠띠받
구상하다, 고려하다	ພິຈາລະນາ	피짜-라나-	이유	ເຫດຜົນ	헫-폰
어느, 무엇	ອັນໃດ	안다이	알다	ຮູ້ຈັກ	후-짝
평판, 명성	ຊື່ສຽງ	쓰-씨양-	광고	ໂຄສະນາ	코-싸나-
~와 같이	ດັ່ງ	당	지금, 현재	ປະຈຸບັນ	빠쭈반
언급한대로	ດັ່ງກ່າວ	당까우-	이처럼	ດັ່ງນີ້	당니-
방향, 측, 분야	ດ້ານ	단-	성사(성취)하다	ສຳເລັດ	쌈렏
걱정하다	ກັງວົນ	깡원	동의하다	ຕົກລົງ	똑롱
파견하다, 배열하다	ຈັດ	짣	전문	ຊ່ຽວຊານ	씨야우-싼-
정기적인	ປະຈຳ	빠짬	아마, 계속	ຄົງ	콩

162

요구, 제안	ຂໍ້ສະເໜີ	커-싸너-	수입	ນຳເຂົ້າ	남카오
도시	ຕົວເມືອງ	뚜와-므앙-	수출	ສົ່ງອອກ	쏭억-
적합한	ເໝາະສົມ	머쏨	국제	ສາກົນ	싸-꼰
개발되다	ພັດທະນາ	팓타나-	산업	ອຸດສາຫະກຳ	욷싸-하깜
인구	ປະຊາກອນ	빠싸-껀-	존재하다	ດຳລົງ	담롱
생명	ຊີວິດ	씨-윋	시장조사	ການສຳຫຼວດຕະຫຼາດ	깐-쌈루왇-딸랃-
편리하다	ສະດວກ	싸두왁-	단체, 기관	ອົງການ	옹깐-
프로젝트	ໂຄງການ	콩-깐-	교육	ການສຶກສາ	깐-쓱싸-
여성	ແມ່ຍິງ	매-닝	시설	ສາລະບຸປະໂພກ	쌀-라누빠폭-
필요하다	ຈຳເປັນ	짬뻰	가장	ທີ່ສຸດ	티-쑫

문법과 활용

➡ 전치사

명사나 대명사 앞에 쓰여서 다른 단어와의 관계를 나타내는 역할을 한다.

~을 위해서	ສຳລັບ 쌈랍, ເພື່ອ 프아-
~에 대해서	ກ່ຽວກັບ 끼야우-깝
~부터	ແຕ່ 때-, ຈາກ 짝-, ຕັ້ງແຕ່ 땅때-
~까지	ຫາ 하-, ເຖິງ 텅
으로	ດ້ວຍ 두와이-
전에	ກ່ອນ 껀-
후에	ຫຼັງຈາກ 랑짝-, ຫຼັງ 랑

안	ใນ 나이
밖	ນອກ 넉-
위	ເທິງ 텅
아래	ລຸ່ມ 룸
~와 함께	ກັບ 깝
~에, ~에서	ຢູ່ 유-
~의	ຂອງ 컹-

연습하기

다음 문장을 라오스어로 바꿔 쓰고 말해보자.

1. 걱정하지 않으셔도 됩니다.

   _____

2. 라오스에서 산업이 발달한 지역을 알려주세요.

   _____

3. 까이썬 시 시장 조사할 예정입니다.

   _____

4. INGO의 사업장은 어느 지역에 많이 있나요?

   _____

4천개의 섬 - 씨판던(Si Phan Don)

씨판던(Si Phan Don)은 라오스어로 '4천개의 섬'을 의미한다. 라오스어로 씨판[ສີ່ພັນ] 은 4천, 던[ດອນ]은 섬을 뜻한다. 씨판던은 메콩강의 토사가 강물을 따라 흘러 4천개의 섬을 형성하였다. 건기와 우기에 따라 크고 작은 섬들이 모두 드러나거나 물에 잠긴다. 씨판던은 캄보디아와 국경을 접하고 있기 때문에 국경을 넘는 배낭 여행자들이 잠시 쉬어가기 위해 즐겨 찾는 곳이다. 섬 주변에는 동양의 나이라가라폭포라고 불리는 컨파펭[ຄອນພະເພັງ, Khone Phapheng] 폭포가 그 웅장함을 자랑하며 여행자들을 끌어모은다. 씨판던의 수많은 섬 중에서 여행자들은 가장 큰 섬인 던콩(Don Khong)과 던뎃(Don Det), 던콘(Don Khon)으로 향한다.

이곳은 섬 전체를 둘러보지 않더라도 가볍게 산책하듯 둘러보며 한적한 섬의 풍광과 마을의 정취를 느끼고 싶은 한가로운 여행자에게 좋은 장소이다.

던콩은 최근에 다리가 건설되었지만 여행자들은 여전히 섬 맞은편 핫싸이쿤 마을(Ban Hat Xai Khoun)을 통해 들어가며, 던뎃과 던콘은 나까쌍 마을(Ban Nakasang)을 통해 배로 들어갈 수 있다.

08 제8과

떤-랭-니-짜오약-낀낭너?

ຕອນແລງນີ້ເຈົ້າຢາກກິນຫຍັງເນາະ?

저녁에 무엇을 먹을까요?

대화

민쩡-
민쩡9
민정:

커이-썬-컵-쿠와-탄-빠탄-쏨싹래우-. 쿠완-버-리깐-아-한-빠펟-다이디-?

ຂ້ອຍເຊີນຄອບຄົວທ່ານປະທານສົມສັກແລ້ວ.
ຄວນບໍລິການອາຫານປະເພດໃດດີ?

쏨싹 사장님 가족을 초대했습니다. 어떤 음식을 대접하는 게 좋을까요?

껜-깨우-
껜깨우9
껜깨우:

탄-빠탄-낀아-한-미-카이만버-다이 퍼와-미-쿠왐-단르얀-쑹-.

ທ່ານປະທານກິນອາຫານມີໄຂມັນບໍ່ໄດ້
ເພາະອ່າມີຄວາມດັນເລືອດສູງ.

사장님은 고혈압이 있어서 기름진 음식은 드시지 않습니다.

민정:

맨-버-. 낀아-한-씬-웅와-씬-무-빠펟-니-콩짜람박-너.

ແມ່ນບໍ. ກິນອາຫານຊີ້ນງົວຊີ້ນໝູປະເພດມີ້ຄົງຈະ ລຳບາກເນາະ.

그래요. 소고기나 돼지고기는 드시기 어렵겠네요.

껜깨우:

탐-펀낀아-한-냥다이대-. 콩짜디-.

ຖາມເພີ່ມກິນອາຫານຫຍັງໄດ້ແດ່. ຄົງຈະດີ.

어떤 음식을 좋아하시는지 알아보는 것이 좋겠습니다.

민정:

뱁-난꺼-디-. 롭꾸완-짜오탐-레-카-하이대-와-. 아-한-프아-쑤카팝-티-탄-빠탄-막낀 난맨-낭.

ແບບນັ້ນກໍ່ດີ. ລົບກວນເຈົ້າຖາມເລຂາໃຫ້ແດ່ວ່າ. ອາຫານ ເພື່ອສຸຂະພາບທີ່ທ່ານປະທານມັກກິນນັ້ນແມ່ນຫຍັງ.

그게 좋겠군요. 비서를 통해 사장님께서 좋아하는 음식을 좀 알아봐 주세요.

껜깨우:

짜오, 짜탐-라오-하이.

ເຈົ້າ, ຈະຖາມເລຂາໃຫ້.

네, 알겠습니다.

민정:

타-다이합커-문-내우-다이짝-레-카-래우-. 토-벅-커이-대-더-.

ຖ້າໄດ້ຮັບຂໍ້ມູນແບວໃດຈາກເລຂາແລ້ວ. ໂທບອກຂ້ອຍແດ່ເດີ.

비서에게 어떤 정보를 받으시면 저에게 전화로 알려주세요.

껜깨우:

짜오, 타-다이합래우-짜토-벅-.

ເຈົ້າ, ຖ້າໄດ້ຮັບແລ້ວຈະໂທບອກ.

네, 정보를 받으면 전화드리겠습니다.

- 맛있게 드십시오. **ຊີມແຊບເດີ.** 씬-쌥-더-.
- 음식이 정말 맛있습니다. **ອາຫານແຊບຫຼາຍ.** 아-한-쌥-라이-.
- 무엇을 더 주문하시겠습니까? **ສັ່ງຫຍັງຕື່ມບໍ່?** 쌍냥뜸-버-?
- 더 드시고 싶은게 있으세요? **ເອົາຫຍັງຕື່ມບໍ່?** 아오냥-뜸-버-?
- 배부르신가요? **ອີ່ມແລ້ວບໍ່?** 임-래우-버-?
- 식사는 어땠습니까? **ອາຫານເປັນແນວໃດ?** 아-한-뻰내우-다이?
- 참가해 주셔서 감사합니다. **ຂອບໃຈທີ່ມາຮ່ວມ.** 컵-짜이티-마-후왐-.
- 어떤 음식을 좋아하십니까?
  ເຈົ້າມັກອາຫານປະເພດໃດ? 짜오막아-한-빠펟-다이?
- 입맛에 맞으십니까? **ເປັນແນວໃດຖືກປາກບໍ່?** 뻰내우-다이특-빡-버-?
- 라오스의 식사 예절은 어떻습니까?
  ມາລະຍາດການກິນເຂົ້າຂອງລາວເປັນແນວໃດ?
  말-라냗-깐-낀카오컹-라오-뻰내우-다이?
- 라오스의 전통 음식을 소개해주세요.
  ແນະນຳອາຫານພື້ນເມືອງໃຫ້ແດ່. 내남아-한-픈-므앙-하이대-.
- 한국 음식을 먹어 본적 있습니까?
  ເຄີຍກິນອາຫານເກົາຫຼີແລ້ວບໍ່? 크이-낀아-한-까올리-래우-버-?
- 불편한 점이 있으시면 언제든지 말씀해주세요.
  ຖ້າມີຄວາມຫຍຸ້ງຍາກອັນໃດ ກະລຸນາບອກໄດ້ທຸກເວລາເດີ.
  타-미-쿠왐-냥낙-안다이 깔루나-벅-다이툭웰-라-더-.
- 라오스의 회식 문화는 어떤가요?
  ວັດທະນະທຳງານລ້ຽງອາຫານຂອງລາວເປັນແນວໃດ?
  왇타나탐응안-리양-아-한-컹-라오-뻰내우-다이?

단어

저녁	ຕອນແລງ	떤-랭-	초대하다	ເຊີນ	썬-
~해야 한다	ຄວນ	쿠완-	서비스	ບໍລິການ	버-리깐-
종류	ປະເພດ	빠펫-	지방	ໄຂມັນ	카이만
소고기	ຊີ້ນງົວ	씬-응와-	고혈압	ຄວາມດັນເລືອດສູງ	쿠왐-단르안-쑹-
돼지고기	ຊີ້ນໝູ	씬-무-	저혈압	ຄວາມດັນເລືອດຕ່ຳ	쿠왐-단르안-땀
아마 ~일 것 같다	ຄົງຈະ	콩짜	어렵다, 힘들다	ລຳບາກ	람박-
걱정을 끼치다, 방해하다	ລົບກວນ	롭꾸완-	질문하다	ຖາມ	탐-
비서	ເລຂາ	레-카-	건강	ສຸຂະພາບ	쑤카팝-
받다	ໄດ້ຮັບ	다이합	정보	ຂໍ້ມູນ	커-믄-
어떻게	ແນວໃດ	내우-다이	말하다, 알려주다	ບອກ	벅-
맞다, 싸다, 올바르다	ຖືກ	특-	입	ປາກ	빡-
예의	ມາລະຍາດ	말-라냗-	예의 바르다	ສຸພາບ	쑤팝-
전통적, 고유의	ພື້ນເມືອງ	픈-므앙-	예의가 없다	ບໍ່ມີມາລະຍາດ	버-미-말-라냗-
어렵다	ຍາກ	냑-	언제든지	ທຸກເວລາ	툭웰-라-
대접하다	ລ້ຽງ	리양-	문화	ວັດທະນະທຳ	왙타나탐
어쩌면, 아마도	ບາງທີ	방-티-	가끔	ບາງເທື່ອ	방-트아-

169

▶ 본문의 응용

ແນວໃດ 내우-다이	어떤, 어떻게
ຢາກໄປໄວໆບາຕ້ອງເຮັດແນວໃດດ໌? 약-빠이와이와이나-떵-헨내우-다이디-?	더 빨리 가고 싶은데 어떻게 해야 돼요?
ຈະເລືອກກາບອອກແບບແນວໃດ? 짜르악-깐-억-뱁-내우-다이?	어떤 디자인으로 선택할까요?

ເລື້ອຍໆ 르아이-르아이, ເປັນປະຈຳ 뻰빠짬	항상
ຂ້ອຍພົບລາວເລື້ອຍໆ. 커이-폽라오-르아이-르아이-	나는 항상 그를 만납니다.
ຂ້ອຍໄປບູຊາພະທາດເປັນປະຈຳ. 커이빠이부-싸-파탈-뻰빠짬	저는 자주 제사 드리러 갑니다.

ປົກກະຕິ 뽁까띠, ທຳມະດາ 탐마다-	보통, 가끔
ປົກກະຕິ ທຸກໆເຊົ້າ ຂ້ອຍກິນເຂົ້າກັບແມ່. 뽁까띠 툭툭싸오 커이-낀카오깝매-	보통 매일 저는 엄마랑 식사를 합니다.
ທຳມະດາລາວບໍ່ກິນເຂົ້າແລ້ງ. 탐마다-라오-버-낀카오랭	보통 그는 저녁을 먹지 않습니다.

ລ້ຽງ 리양-	대접하다(사람), 양육하다(동물) 등의 의미를 지님
ລາວລ້ຽງປາ. 라오-리양-빠-	그는 물고기를 기릅니다.
ມື້ນີ້ຂ້ອຍລ້ຽງອາຫານເກົາຫຼີ. 므-니-커이-리양-아-한-까올리-	오늘은 제가 한국 음식을 대접할게요.

연습하기

 A 그림을 보고 라오스어로 써보자.

1. 맥주

2. 물고기

3. 음식

4. 사원

B 알맞은 단어를 서로 연결해보자.

A. ຈອງ • • a. 음료수

B. ເຄື່ອງດື່ມ • • b. 예약하다

C. ປາ • • c. 좋아하다

D. ອາຫານພື້ນເມືອງ • • d. 맛있다

E. ແຊບ • • e. 전통음식

171

지형에 따른 민족 특성

라오스는 다양한 소수민족이 살고 있는 나라다. 민족은 라오스말로 쏜파오[ຊົນເຜົ່າ]라고 하며, 2008년 국회가 채택하고 공식적으로 집계한 것은 49개 종족이다. 비공식적으로는 그 이상으로 알려져있다. 여러 민족을 분류하기 위해 사람들이 사는 지대에 따라 라오룸(낮은 곳에 사는 사람들), 라오텅(산기슭에 사는 사람들), 라오쑹(높은 지대에 사는 사람들)으로 단순하게 구분하기도 한다. 지배 종족인 라오룸과 피지배 종족인 라오쑹 사이에는 보이지 않는 갈등이 있다. 라오스 정부는 라오룸과 라오쑹의 갈등을 완화하기 위해 민족 구분 시 라오룸, 라오쑹, 라오텅을 공식적으로 사용하지 않기로 했다. 하지만 기존 명칭인 라오룸, 라오텅, 라오쑹이 여전히 통용되고 있고 라오스 1000깁 짜리 지폐에도 새겨져 있다.

| 라오룸 | 라오텅 | 라오쑹 |

이들 소수민족들은 각기 고유의 언어·관습·전통을 유지하며 살고 있다. 라오스에 소수민족이 많고 이들이 지금까지 자신의 문화를 보존하며 살 수 있었던 것은 라오스의 지형적 환경에 기인한다. 라오스는 험준한 산이 많아 지역 간 교류 없이 부족끼리 자급자족하며 살아가는 경우가 많다. 또한 메콩강이 라오스 전역에 흐르고 있어 물과 식량을 얻을 수 있는 강변을 거점으로 생존하는 데 어려움이 없다. 이러한 점들 때문에 라오스의 소수민족은 외부와의 접촉 없이도 수백 년간 명맥을 유지할 수 있었다.

오늘날까지 수많은 종족들이 어우러져 그들만의 언어와 전통을 지키며 살아가고 있지만, 소수민족들은 학교나 그 외의 방법으로 라오 표준어를 배우고 있으며 서로 동화되기 위해 노력하고 있다.

쌈랍나이완짠미-위약-은-
ສຳລັບໃນວັນຈັນມີອຽງຄຶ່ງ
월요일에는 다른 일정이 있습니다

대화

ເວລາ ວັນ	8:00-9:45	10:00-11:45	11:45-13:00	13:00-14:45	15:00-16:45
ວັນຈັນ	ຂຶ້ນຫ້ອງ108				ຂຶ້ນຫ້ອງ205
ວັນອັງຄານ	ຮັບແຂກມາຈາກມະຫາວິທະຍາໄລແຫ່ງຊາດໂຊລ				
ວັນພຸດ				ປະຊຸມພັກ	
ວັນພະຫັດ	ຂຶ້ນຫ້ອງ108		ຂຶ້ນຫ້ອງ205		
ວັນສຸກ				ບັນຍາຍ 402	

민쩡-　깐-빠쑴캉떠-빠이짣므아-다이짜디-너?
(민쩡) ການປະຊຸມຄັ້ງຕໍ່ໄປຈັດເມື່ອໃດຈະດີເໝາະ?
민정:　다음 회의는 언제가 좋을까요?

껜-깨우-　완짠아-팃나- 와-내우-다이?
(껜깨우) ວັນຈັນອາທິດໜ້າ ວ່າແນວໃດ?
껜깨우:　다음 주 월요일 어떠십니까?

나이완짠 커이-미-빠쑴깝버-리쌋싼남나이라오-티-싸탄-툳-. 완앙칸-데- 와-내우-다이?
(민쩡) ໃນວັນຈັນ ຂ້ອຍມີປະຊຸມກັບບໍລິສັດຂຶ້ນນຳໃນລາວທີ່
민정:　ສະຖານທູດ. ວັນອັງຄານເດ ວ່າແນວໃດ?
월요일에는 대사관에서 라오스 진출 기업과 회의가 있습니다.
화요일은 어떠세요?

173

타-븐능. 커이-짜꾸왇-벙딸랑-위약-껀-. 랑썽-몽-티양-다이-유-.

ເກດແກ້ວ 껟깨우: **ຖ້າບຶດໜຶ່ງ. ຂ້ອຍຈະກວດເບິ່ງຕະລາງວຽກກ່ອນ. ຫຼັງສອງໂມງທ່ຽງໄດ້ຢູ່.**

잠시만요. 일정을 먼저 확인해 보겠습니다. 오후 2시 이후에는 괜찮습니다.

디-. 폽깐완앙칸-아-틷나-웰-라-썽-몽-너.

ມິນຈອງ 민정: **ດີ. ພົບກັນວັນອັງຄານອາທິດໜ້າເວລາສອງໂມງເນາະ.**

좋습니다. 다음 주 화요일 2시에 뵙겠습니다.

며칠 후 전화 ໂທມາພາຍຫຼັງຈາກສອງສາມມື້ 토-마-파이-랑짝-썽-쌈-므-

커-톧-더-, 완앙칸-아-틷나-커이-미-팬-던-탕-빠이땅-쾡-두완-. 커이-버-싸-맏-카오후왐-깐-빠숨 당난띧떠-하-짜오.

ເກດແກ້ວ 껟깨우: **ຂໍໂທດເດີ, ວັນອັງຄານອາທິດໜ້າຂ້ອຍມີແຜນເດີນທາງໄປຕ່າງແຂວງດ່ວນ. ຂ້ອຍບໍ່ສາມາດເຂົ້າຮ່ວມການປະຊຸມ ດັ່ງນັ້ນຕິດຕໍ່ຫາເຈົ້າ.**

죄송하지만, 다음주 화요일에 급한 지방 출장 계획이 잡혔습니다.
회의에 참석할 수 없을 것 같아서 연락드렸습니다.

으흐-! 맨-버-.

ມິນຈອງ 민정: **ອືຮື! ແມ່ນບໍ.**

아! 그렇군요.

짜싸-맏-삐얀-뻰완파핟떤-썽-몽-다이버-?

ເກດແກ້ວ 껟깨우: **ຈະສາມາດປ່ຽນເປັນວັນພະຫັດຕອນສອງໂມງໄດ້ບໍ່?**

목요일 2시로 변경할 수 있을까요?

다이, 완파핟꺼-디-크-깐.

ມິນຈອງ 민정: **ໄດ້, ວັນພະຫັດກໍ່ດີຄືກັນ.**

네, 가능합니다.

컵-짜이더-. 래우-폽깐므-완파핟.

ເກດແກ້ວ 껟깨우: **ຂອບໃຈເດີ. ແລ້ວພົບກັນມື້ວັນພະຫັດ.**

감사합니다. 목요일에 뵙겠습니다.

- 회의는 몇 시에 시작할까요? **ກອງປະຊຸມຈະເລີ່ມຈັກໂມງ?** 껑-빠쑴짜럼-짝몽-?
- 사장님의 일정을 알아보고 연락드리겠습니다.
  ຈະເບິ່ງຕະລາງວຽກຂອງທ່ານປະທານກ່ອນ. ແລ້ວ ຈະຕິດຕໍ່ກັບເດີ.
  짜벙딸랑-위약-컹-탄-빠탄-껀-. 래우 짜띧떠-깝더-.
- 회의는 어디에서 개최할까요?
  ກອງປະຊຸມຈະຈັດຂຶ້ນຢູ່ໃສ? 껑-빠쑴짜짣큰유-싸이?
- 회의는 돈찬팰리스 호텔에서 개최하겠습니다.
  ກອງປະຊຸມຈະຈັດຂຶ້ນຢູ່ໂຮງແຮມດອນຈັນພາເລສ.
  껑-빠쑴짜짣큰유-홍-햄-던-짠팔-레쓰.
- 정부쪽에서 온 손님이 세 분 있습니다.
  ມີແຂກຈາກຝ່າຍລັດຖະບານສາມທ່ານ. 미-캑-짝-파이-랃타반-쌈-탄-.
- 연간 회의는 매년 6월 11일에 개최합니다.
  ກອງປະຊຸມປະຈຳປີຈັດຂຶ້ນໃນວັນທີ11 ເດືອນ6.
  껑-빠쑴빠짬삐-짣큰나이완티-씹엗 드안-혹.
- 회의실을 예약했습니까? **ຈອງຫ້ອງປະຊຸມແລ້ວບໍ່?** 쩡-헝-빠쑴래우-버-?

일(업무)	ວຽກ	위약-	다른	ອື່ນ	은-
시기, 때, 차, 회, 번	ຄັ້ງ	캉	다음의	ຕໍ່ໄປ	떠-빠이
배열하다, 준비하다	ຈັດ	짣	언제	ເມື່ອໃດ	므아-다이
진출하다	ຂຶ້ນມາ	싼남	저기, 확실하다	ເດ	데-
~라고 말하다, 그래서	ວ່າ	와-	잠시 기다리다	ຖ້າບິດໜຶ່ງ	타-븓능

175

일정	ຕະລາງວຽກ	딸랑-위약-	~전에	ກ່ອນ	껀-
뒤, 다음의	ຖັດ	탇	만나다	ພົບ	폽
서로의, 막다	ກັນ	깐	출장, 여행	ການເດີນທາງ	깐-던-탕-
다른, 외국의	ຕ່າງ	땅-	여행하다	ເດີນທາງ	던-탕-
할 수 없다	ບໍ່ສາມາດ	버-싸-맏-	긴급히	ດ່ວນ	두완-
그래서	ດັ່ງນັ້ນ	당난	참석하다	ເຂົ້າຮ່ວມ	카오후왐-
변경하다	ປ່ງນ	삐얀-	연락하다	ຕິດຕໍ່	띧떠-
같은	ຄືກັນ	크-깐	~도	ກໍ່	꺼-
보다, 주시하다	ເບິ່ງ	벙	시작하다, 출발하다	ເລີ່ມ(ຕົ້ນ), ອອກຈາກ	럼-(똔), 억-짝-
측, 방면, 부분	ຝ່າຍ	파이-	개최하다	ຈັດຂຶ້ນ	짣큰
손님	ແຂກ	캑-	정부	ລັດຖະບານ	랃타반-
예약하다	ຈອງ	쩡-	연간	ປະຈຳປີ	빠짬삐-
성격	ນິໄສ	니싸이	회의실	ຫ້ອງປະຊຸມ	헝-빠쑴

문법과 활용

➡ 숫자와 서수사

숫자 10이 넘어가는 '일의 자리' 중 '숫자 1'은 ໜຶ່ງ 능이 아닌 ເອັດ 엔과 함께 조합이 된다.

0	ສູນ 쑨-	11	ສິບເອັດ 씹엗	1,000	ໜຶ່ງພັນ 능판
1	ໜຶ່ງ 능	20	ຊາວ 싸우-	10,000	ສິບພັນ 씹판, ໜຶ່ງໝື່ນ 능믄-

2	ສອງ 썽-	21	ຊາວເອັດ 싸우-엗	100,000	ໜຶ່ງແສນ 능쌘-	
3	ສາມ 쌈-	30	ສາມສິບ 쌈-씹	1,000,000	ໜຶ່ງລ້ານ 능란-	
4	ສີ່ 씨-	40	ສີ່ສິບ 씨-씹	10,000,000	ສິບລ້ານ 씹란-	
5	ຫ້າ 하-	50	ຫ້າສິບ 하-씹	100,000,000	ໜຶ່ງຮ້ອຍລ້ານ 능허이-란-	
6	ຫົກ 혹	60	ຫົກສິບ 혹씹	1000,000,000	ໜຶ່ງພັນລ້ານ 능판란-	
7	ເຈັດ 쩯	70	ເຈັດສິບ 쩯씹			
8	ແປດ 뺃-	80	ແປດສິບ 뺃-씹			
9	ເກົ້າ 까오	90	ເກົ້າສິບ 까오씹			
10	ສິບ 씹	100	ໜຶ່ງຮ້ອຍ 능허이-			

서수사는 순서를 나타내는 수사로 첫째(번), 둘째(번) 등을 표현할 때 사용한다.

ທີ 티-	~째, ~번 명사 + ທີ 티- + 수사
ມື້ນີ້ວັນທີເທົ່າໃດ? 므-니-완티-타오다이?	오늘은 무슨 요일입니까?
ມື້ນີ້ວັນທີ 23. 므-니-완티-싸우-쌈-.	오늘은 23일입니다.
ວັນເກີດຂອງຂ້ອຍແມ່ນວັນທີ11 ເດືອນນີ້. 완껃-컹-커이-맨-완티-씹엗드안-니-.	제 생일은 이번 달 11일입니다.
ທີ່ຢູ່ຂອງທ່ານແມ່ນຫຍັງ? 티-유-컹-탄-맨냥?	당신의 주소는 무엇입니까?
ເລກທີ 1610 렉-티-능혹능쑨-.	1610번지입니다.

연습하기

 그림을 보고 라오스어로 써보자.

1. 대사관

2. 초대장

3. 시계

4. 호텔

B 알맞은 단어를 서로 연결해보자

A. ປຶກສາຫາລື •   • a. 어디

B. ຫ້ອງປະຊຸມ •   • b. 참가자

C. ໃສ •   • c. 상담하다, 논의하다

D. ແຂກເຂົ້າຮ່ວມ •   • d. 회의실

178

문화 엿보기

행운의 숫자와 불운의 숫자

라오스 사람들은 킥유[ກີກຍູ່]는 '홀수는 머문다' 쿠니[ຄູ່ໜີ]는 '짝수는 떠나간다'고 믿는다. 즉, 홀수를 선택하면 재물, 가정, 사랑, 행복이 영원히 머물러 행운을 불러 모으며 짝수를 선택하면 불운이 따른다고 여긴다. 그래서 각종 결혼식 날짜와 같은 행사에 점을 치는데 이용되기도 하며, 집안의 행사로 초대되는 스님이나 조상께 드리는 음식 종류들도 홀수를 선택하는 경향이 있다. 홀수 중에서도 숫자 9는 라오스인들이 가장 좋아하는 행운의 숫자이기도 하다.

그러나 홀수중에도 예외적인 숫자가 있다. 숫자 27과 67은 불운을 상징하는 숫자로 나쁜 운이 있다고 생각한다. 불운의 의미로 렉따오[ເລກເຕົ່າ]라고 하는데 우리말로 '거북이 숫자'를 의미한다. 거북이는 십장생의 대표적인 동물로 우리에게는 장수와 지혜의 상징적인 동물이지만 라오스에서는 천당과 지옥을 나르는 사자로 비유하기 때문에 불운이 있다고 믿는다. 비즈니스로 라오스를 방문한다면 경계해야 할 선물 품목 중 하나 이기도 하다. 심지어 복권을 사는 사람들 중에는 27과 67로 당첨되는 경우 불운을 액땜하기 위해 사원(temple)에 당첨금의 일부를 기부하기도 한다.

ㅁ-니-후와-커-껑-빠쑴맨-후와-커-니-래
ມື້ນີ້ຫົວຂໍ້ກອງປະຊຸມແມ່ນຫົວຂໍ້ນີ້ແລະ
오늘 회의의 주제는 이것입니다

대화

민쩡-

ມິນຈອງ

므-니-후와-커-껑-빠쑴맨-짜코-싸나-껨-위-아-내우-다이디-?

민정:

ມື້ນີ້, ຫົວຂໍ້ກອງປະຊຸມແມ່ນຈະໂຄສະນາເກມວີອາ(VR) ແນວໃດ?

오늘 회의의 주제는 'VR게임을 어떻게 홍보할 것인가?'입니다.

껜-깨우-

ເກດແກ້ວ

꿈빠오마이-데- 맨-꿈다이?

껜깨우:

ກຸ່ມເປົ້າໝາຍເດ ແມ່ນກຸ່ມໃດ?

주 타깃층은 어떻게 잡으셨어요?

ມິນຈອງ

민정:

맨-푸-싸이-꿈아-뉴때-싸우-하-쌈-씹삐-. 도이-르악-아오깐-썹-탐-판-탕-언-라이-꾸-꼬-끼야우-깝껨-, 깐-삔-푸- 래 깐-텅-티아우-.

ແມ່ນຜູ້ຊາຍກຸ່ມອາຍຸແຕ່2030ປີ. ໂດຍເລືອກເອົາ ການສອບຖາມຜ່ານທາງອອນລາຍກູໂກ ກ່ຽວກັບເກມ, ການປີນພູ ແລະ ການທ່ອງທ່ຽວ.

20~30대 남성입니다. 구글 온라인 설문조사를 통해 게임과 등산, 여행을 함께 즐기는 층으로 정했습니다.

껜-깨우:

위타-깐-코-싸나-데?

ເກດແກ້ວ

껜깨우:

ວິທີການໂຄສະນາເດ?

홍보 방법은요?

ມິນຈອງ
민정:
도이-깜랑껩깜커-문- 래 위커꿈아-뉴싸우-하-쌈-씹삐- 티-싸이앱피케-싼 래웹싸이.

ໂດຍກຳລັງເກັບກຳຂໍ້ມູນ ແລະ ວິເຄາະກຸ່ມອາຍຸ2030ປີ ທີ່ໃຊ້ແອັບພິເຄຊັນ ແລະເວັບໄຊທ໌.

20~30대가 주로 사용하는 앱과 사이트를 수집해 분석하는 중입니다.

ເກດແກ້ວ
껜깨우:
칸싼, 무왁-하오씨쑤와이-껩깜커-문-더-, 깐-코-싸나-뱁-업-라이-데-씨담년-내우-다이?

ຄັນຊັ້ນ, ພວກເຮົາຊິຊ່ວຍເກັບກຳຂໍ້ມູນເດີ, ການໂຄສະນາ ແບບອອຟລາຍເດຊິດຳເນີນແນວໃດ?

저희도 데이터 수집을 돕겠습니다. 오프라인 홍보는 어떻게 이루어지나요?

ມິນຈອງ
민정:
유-까올리-싸이 응안-보-모-썬-쏭썸-깐-카이-, 깐-코-싸나-탕-토-라팝- 래 깐-띧홉-땀-캉-롣-메-.

ຢູ່ເກົາຫຼີໃຊ້ ງານໂປຣໂມເຊິ່ນສົ່ງເສີມການຂາຍ, ການໂຄສະນາທາງໂທລະພາບ ແລະ ການຕິດຮູບຕາມຂ້າງລົດເມ.

한국은 프로모션 행사와 TV 광고, 버스 외부 광고를 많이 이용합니다.

ເກດແກ້ວ
껜깨우:
짜오, 칸싼빠쑴트아-나-쯩롬라이-라이얃-돔-익-너-.

ເຈົ້າ. ຄັນຊັ້ນປະຊຸມເທື່ອໜ້າຈິ່ງລົມລາຍລະອຽດຕື່ມອີກ ເນາະ.

네. 다음 회의 때 구체적으로 논의하기로 합시다.

유용한 표현

- 홍보는 어떻게 해야 합니까? **ຊິໂຄສະນາແບວໃດ?** 씨코-싸나-내우-다이?
- 누가 더 추가할 의견이 있습니까?
  ໃຜມີຂໍ້ສະເໜີຫຍັງບໍ່? 파이미-커-싸너-냥버-?
- 말씀해 주세요. **ເວົ້າມາໄດ້ເລີຍ.** 와오마-다이러이-.
- 질문 있습니까? **ມີຄຳຖາມບໍ່?** 미-캄탐-버-?
- 화면을 봐주세요. **ໃຫ້ເບິ່ງຢູ່ໜ້າຈໍເດີ.** 하이벙유-나-쩌-더-.
- 무엇을 도와드릴까요? **ໃຫ້ຊ່ວຍຫຍັງບໍ່?** 하이쑤와이-냥버-?

181

오늘	ມື້ນີ້	므-니-	회의	ກອງປະຊຸມ	껑-빠쑴
주제	ຫົວຂໍ້	후와-커-	광고하다	ໂຄສະນາ	코-싸나-
그룹, 집단	ກຸ່ມ	꿈	저기, 확실하다	ເດ	데-
목표, 대상	ເປົ້າໝາຍ	빠오마이-	으로, 통해서 , 에	ໂດຍ	도이-
심문하다	ສອບຖາມ	썹-탐-	주장, 견해	ຄວາມຄິດເຫັນ	쿠왐-킫헨
지나다, 통과하다	ຜ່ານ	판-	온라인	ອອນລາຍ	언-라이-
~에 대해서	ກ່ຽວກັບ	끼야우-깝	게임	ເກມ	껨-
등산	ການປີ່ນພູ	깐-삔푸-	여행	ການທ່ອງທ່ຽວ	깐-텅-티야우-
방법	ວິທີ	위티-	수집하다	ເກັບກຳ	껩깜
분석하다	ວິເຄາະ	위커	오프라인	ອອຟລາຍ	업-라이-
어플리케이션	ແອັບພິເຄຊັນ	앱피케-싼	진행하다	ດຳເນີນ	담넌-
텔레비전	ໂທລະພາບ	토-라팝-	후원하다, 촉진하다	ສົ່ງເສີມ	쏭썸-
판매	ການຂາຍ	깐-카이-	프로모션	ໂປຣໂມເຊັນ	보-모-썬-
붙이다, 걸다	ຕິດ	띧	옆에	ຂ້າງ	캉-
다음에	ເທື່ອໜ້າ	트아-나-	그래서	ຈຶ່ງ	쯩
대화하다, 바람	ລົມ	롬	배열하다, 늘어놓다	ລາຍ	라이-
상세하다	ລະອຽດ	라이얃-	요구, 제안	ຂໍ້ສະເໜີ	커-싸너-

➡ 본문의 응용

ທາງ 탕-	~으로
ສິ່ງເຄື່ອງໄປເກົາຫຼີທາງອາກາດ. 쏭크앙-빠이까올리-탕-아-깐.	한국 항공 편으로 물건을 보낼게요.
ສິ່ງເຄື່ອງໄປລາວທາງເຮືອ. 쏭크앙-빠이라오-탕-흐아-.	배 편으로 물건을 보낼게요.
ການໂຄສະນາສິນຄ້າທາງວິທະຍຸ. 깐-코-싸나-씬카-탕-위타뉴.	라디오로 상품 광고.
ຂ້ອຍຊິໂຄສະນາສິນຄ້າທາງໂທລະພາບ. 커이-씨코-싸나-씬카-탕-토-라팝-.	저는 TV로 상품 광고를 할 것입니다.

ຈຶ່ງ 쯩	그래서
ເລື່ອງນີ້ ມື້ໜ້າຈຶ່ງເວົ້າໃໝ່. 르앙-니- 므-나-쯩와오마이.	이 주제는 다음에 다시 이야기합시다.
ລາວມາຊ້າຂ້ອຍຈຶ່ງໃຈຮ້າຍ. 라오-마-싸-커이-쯩짜이하이-.	그가 늦게 와서 나는 화가 났습니다.

연습하기

A 다음 문장을 알맞게 배열해 보자.

1. ແນວໃດ? / ຊິ / ໂຄສະນາ

_____

홍보는 어떻게 해야 합니까?

2. ຂໍ້ສະເໜີ / ຫຍັງ / ບໍ່? / ໃຜ/ມີ

_____

누가 더 추가할 의견이 있습니까?

3. ໃຫ້ / ຈໍເກິ / ເບິ່ງ / ຢູ່ທນ້າ

_____

화면을 봐주세요.

라오스의 교육 제도

라오스의 학제는 초등학교 5년, 중등학교 7년으로 이루어져 있다. 중등학교는 한국의 중, 고등학교 과정에 해당한다.

라오스의 현행 교육 제도는 1978년부터 11년제(5-3-3)로 운영해 오다가, 2007년부터 현재 정부의 정책에 따라 12년제(5-4-3)로 변경되었다. 30년간 운영해온 학제 변경은 세계화 추세에 따른 것으로 보인다. 교육 시설은 해외 원조로 시내 곳곳에 학교들이 들어서며 교육 인프라 환경이 개선 되고는 있지만 학교에서 사용할 교제용 책자 및 인쇄시설 등은 아직도 많이 열악한 형편이다. 시골로 가면 갈수록 상황은 더 어렵고, 사원(temple)이 학교의 중심 역할을 하기도 한다.

학교	기존	변경	연령
유아원(리양덱)	–	2년 9개월	3개월~2세11개월
유치원(아누반)	3년	3년	3세~5세
초등학교(빠툼)	5년 (ປ1-ປ5)	5년 (ປ1-ປ5)	6세~11세
중학교(맏타뇸똔)	3년 (ມ1-ມ3)	4년 (ມ1-ມ4)	11세~15세
고등학교(맏타뇸빠이)	3년 (ມ4-ມ6)	3년 (ມ5-ມ7)	15세~18세
총	11년	12년	

11 제11과

꺼-디-유-때-와-
ກໍ່ດີຢູ່ ແຕ່ວ່າ
좋습니다, 하지만

껜-깨우-
ເກດແກ້ວ
껜깨우:
깐-헫낃짜깜 뽀-모-썬-번-티-와이훈마-따오홈-깐라이-난 짜오낃와-내우-다이?
ການເຮັດກິດຈະກຳ ໂປຣໂມເຊິ່ນຢ່ອນທີ່ໄວຮຸ່ນມາເຕົ້າໂຮມ
ກັນຫຼາຍນັ້ນ ເຈົ້າຄິດວ່າແນວໃດ?
젊은이들이 많이 모이는 거리에서 프로모션을 진행 하는 것은 어떨까요?

민쩡-
ມິນຈອງ
민정:
꺼-디-유- 때-와-짜미-번-티-콘마-따오홈-버-?
ກໍ່ດີຢູ່ ແຕ່ວ່າຈະມີບ່ອນທີ່ຄົນມາເຕົ້າໂຮມບໍ່?
좋습니다. 하지만 많은 사람이 모일 만한 장소가 있을까요?

껜깨우:
ເກດແກ້ວ
껜깨우:
응안-왕-싸댕-끼야우-깝아이티- 짣유-라오-아이씨티-양-뻰빠짬.
ງານວາງສະແດງກ່ຽວກັບໄອທີ ຈັດຢູ່ລາວICT
ຢ່າງເປັນປະຈຳ.
라오 ICT에서 IT전시회를 정기적으로 하고 있습니다.

민쩡-
ມິນຈອງ
민정:
맨-와-! 칸싼, 푸왁-하오카오후왐-응안-왕-싸댕-꺼-다이버-?
ແມ່ນທອາ! ຄັນຊັ້ນ, ພວກເຮົາເຂົ້າຮ່ວມງານວາງສະແດງ
ກໍໄດ້ບໍ່?
예! 그렇다면, 그 전시회에 저희도 참가하는 것이 가능할까요?

내-년-. 커이-씨와오깝푸-합핕썹-웅안-하이껀-.

ເກດແກ້ວ
껜깨우:
ແນ່ນອນ. ຂ້ອຍຊິເວົ້າກັບຜູ້ຮັບຜິດຊອບງານໃຫ້ກ່ອນ.
물론 가능하죠. 담당자에게 미리 얘기해 놓겠습니다.

짜오, 컵-짜이. 크-씨쁜오-깐-디-라이-.

ມິນຈອງ
민정:
ເຈົ້າ, ຂອບໃຈ. ຄົງຊິເປັນໂອກາດດີຫຼາຍ.
네, 감사합니다. 좋은 기회가 될 것 같아요.

싸난, 프아-버-뻰깐-짬깝푸-버-리폭- 쿠완-짜미-늗타쌋-깐-코-싸나-.

ເກດແກ້ວ
껜깨우:
**ສະນັ້ນ, ເພື່ອບໍ່ເປັນການຈຳກັດຜູ້ບໍລິໂພກ
ຄວນຈະມີຍຸດທະສາດການໂຄສະນາ.**
그런데, 실수요자를 라오스에 한정시키지 않는 홍보 전략이 필요할 것 같
습니다.

맨-래우-.
유-까올리-꺼-쎈디야우-깐 무왁-하오미-빠오마이-늗타쌋-짜코-싸나-빠이냥딸랃-록-.

ມິນຈອງ
민정:
**ແມ່ນແລ້ວ.
ຢູ່ເກົາຫຼີກໍ່ເຊັ່ນດຽວກັນ ພວກເຮົາມີເປົ້າໝາຍ
ຍຸດທະສາດຈະໂຄສະນາໄປຍັງຕະຫຼາດໂລກ.**
맞습니다.
한국에서도 전 세계 시장을 대상으로 한 홍보 전략을 구상 중입니다.

유용한 표현

- 그 이후에는 어떻게 홍보할 계획입니까?
  ຫຼັງຈາກນີ້, ທ່ານອາງແຜນແນວໃດເພື່ອໂຄສະນາ?
  랑짝-니-, 탄-왕-팬-내우-다이프아-코-싸나-?
- 그렇다면, 전시회장에서 뵙겠습니다.
  ຄັນຊັ້ນ, ພົບກັນຢູ່ງານອາງສະແດງເນາະ. 칸싼, 폽깐유-응안-왕-싸댕-너.
- 저희가 더 준비해야 할 것은 없을까요?
  ພວກເຮົາບໍ່ມີສິ່ງໃດທີ່ຈຳເປັນຕ້ອງກະກຽມຕື່ມອີກບໍ່?
  푸왁-하오버-미-씽티-짬뻰떵-까끼얌-똠-익-버-?
- 그래서, 이 전시회에 꼭 참가해야 합니다.
  ດັ່ງນັ້ນ, ພວກເຮົາຕ້ອງເຂົ້າຮ່ວມໃນງານອາງສະແດງນີ້.
  당난, 푸왁-하오떵-카오후왐-나이응안-왕-싸댕-니-.

한국어	라오어	발음	한국어	라오어	발음
~도 좋다	ກໍດີ	꺼-디-	하기, 만들기	ການເຮັດ	깐-헬
활동	ກິດຈະກຳ	낀짜깜	젊은 세대	ໄວຮຸ່ນ, ໄວໜຸ່ມ	와이훈, 와이눔
집결하다, 모이다	ເຕົ້າໂຮມ	따오홈-	전시회	ງານວາງສະແດງ	응안-왕-싸댕-
정기적	ເປັນປະຈຳ	뻰빠짬	참가하다	ເຂົ້າຮ່ວມ	카오후왐-
얘기하다	ເວົ້າ, ກ່າວ	와오, 까우-	담당자	ຜູ້ຮັບຜິດຊອບ	푸-합핃썹
좋은 기회	ໂອກາດດີ	오-깟-디-	제한하지 않다	ບໍ່ຈຳກັດ	버-짬깓
동의하다	ເຫັນດີ	헨디-	제한하다	ຈຳກັດ	짬깓
정보	ຂໍ້ມູນ	커-문-	반대하다	ບໍ່ເຫັນດີ	버-헨디-
미리	ລ່ວງໜ້າ	루왕-나-	추가하다	ເພີ່ມ	펌-
소비자	ຜູ້ບໍລິໂພກ	푸-버-리폭-	소비하다	ບໍລິໂພກ	버-리폭-
~해야 한다	ຄວນ	쿠완-	전략	ຍຸດທະສາດ	뉻타쌋-
목표, 대상	ເປົ້າໝາຍ	빠오마이-	~으로(to)	ໄປຍັງ	빠이냥
광고	ໂຄສະນາ	코-싸나-	세계 시장	ຕະຫຼາດໂລກ	딸랏-록-
물건	ສິ່ງ	씽	필요하다	ຈຳເປັນ	짬뻰
필수품	ສິ່ງຈຳເປັນ	씽짬뻰	준비하다	ກະກຽມ	까끼얌-
더하다, 추가하다	ຕື່ມ	뜸-	더	ອີກ	익-
독자	ຜູ້ອ່ານ	푸-안-	모든 사람, 모두	ທຸກທ່ານ	툭탄-

문법과 활용

➡ 관계대명사 - **ທີ່** 티-의 3가지 활용

1. 관계대명사

명사를 꾸며주는 형용사 또는 사람/사물을 연결하는 접속사의 역할

사람/사물(명사) + **ທີ່** 티-	~한, ~은, ~할, ~를
ຄົນທີ່ຊ່ວຍ 콘티-쑤와이-	도와줄 사람
ເດັກນ້ອຍທີ່ໄປໂຮງຮຽນ 덱너이-티-빠이홍-히안-	학교 가는 어린이
ລາວເປັນຄົນທີ່ມີເງິນຫຼາຍ. 라오-뻰콘티-미-응언라이.	그는 돈을 많이 가진 사람입니다.
ຄົນນັ້ນເປັນຄົນທີ່ດີ. 콘난뻰콘티-디-.	그는 좋은 사람입니다.

2. 관계부사

원인과 이유를 설명하는 부사 역할(동사를 꾸밈)

동사 + **ທີ່** 티-	~해서 ~하다.
ຍິນດີທີ່ຮູ້ຈັກ. 닌디-티-후-짝.	알게 되어서 반갑습니다.
ຂໍໂທດທີ່ໃຫ້ລໍຖ້າ. 커-톧-티-하이러-타-.	기다리게 해서 죄송합니다.
ຂອບໃຈທີ່ມາຮ່ວມງານ. 컵-짜이티-마-후왐-응안-.	참석해 주셔서 감사합니다.

3. 장소의 의미

장소를 의미하는 접속사의 역할

장소(명사) + **ທີ່** 티-	~장소, ~자리
ບ່ອນທີ່ພວກເຮົາພົບກັນຄັ້ງທຳອິດ. 번-티-푸왁-하오폽깐캉탐읻.	우리가 첫번째 만났던 장소.

ບ່ອນທີ່ກິນເຂົ້າ 번-티-낀카오	밥 먹던 장소
ນີ້ແມ່ນບ່ອນທີ່ພວກເຮົາກິນເຂົ້ານຳກັນປີກາຍ. 니-맨-번-티-푸왁-하오낀카오남깐삐-까이-.	이곳은 우리가 작년에 함께 밥 먹 던 장소입니다.

연습하기

A 괄호 안에 알맞은 접속사를 보기에서 찾아 써보자.

> 보기
> A. **ນອກຈາກນີ້** 넉-짝-니-   B. **ຍ້ອນວ່າ** 년-와-
> C. **ແລະ,ກັບ** 래, 깝   D. **ແຕ່** 때-

1. (　　　　　)ລາວກໍ່ຈະກັບມາບໍ່?
   (　　　　)라오-꺼-짜깝마-버-?
   하지만, 그가 돌아올까요?

2. ເຈົ້າ(　　　　)ຂ້ອຍ.
   짜오(　　　)커이-.
   당신과 나

3. ບໍ່ໄດ້(　　　　　)ມີປະຊຸມຢູ່.
   버-다이(　　　)미-빠쑴유-.
   안 됩니다. 왜냐하면 회의가 있어요.

4. ຢູ່ລາວມີນ້ຳຕົກຫຼາຍ(　　　　)ອາກາດດີອີກ.
   유-라오-미-남똑라이-(　　　) 아-깐-디-익-?
   라오스는 폭포가 많고 공기가 좋아요.

라오스의 국경일 (축제)

라오스의 축제는 대체로 불교 문화와 깊숙히 연관되어 있다.
전통 달력을 기준으로 하기 때문에 매년 축제 날짜는 변경이 되며, 라오스 관광청 웹사이트(http://www.tourismlaos.org)에서 확인할 수 있다.

신정 1월 1일 – ວັນປີໃໝ່ສາກົນ 완삐-마이싸-꼰

우리나라의 신정과 구정 중 신정에 해당된다. 이 날은 새해를 맞이하는 행사가 지방 곳곳에서 자체적으로 열린다.

여성의 날 3월 8일 – ວັນແມ່ຍິງສາກົນ 완매-닝싸-꼰

공휴일은 아니지만 공공기관을 비롯한 각 기업마다 여성들의 자유와 평등을 상징하는 각종 행사들이 열린다.

신년 축제 분삐마이 4월 13~16일
– ບຸນປີໃໝ່ລາວ 분삐-마이라오-

음력 설날에 해당하는 라오스의 축제로 4월 중순에 시작한다. 축제 기간에는 전국 각지에서 모여든 지나가는 모르는 사람들에게도 물을 부려주며 복을 기원해 준다. 건기의 막바지이기도 하므로 비를 기원한다는 의미를 담고 있다.

노동절 5월 1일 – ວັນກຳມະກອນສາກົນ 완깜마껀-싸-꼰

만국의 노동자가 단결하여 노동자의 권리 쟁취를 위해 동맹파업을 행동하자고 선언한 날로 라오스도 이 날을 기념한다.

어린이날 6월 1일 – ວັນເດັກນ້ອຍ 완덱너이-

한국과 일본에서는 5월 5일이지만 라오스의 어린이 날은 국제 어린이날과 같은 6월 1일이다

카오판사 7월 27일 – ບຸນເຂົ້າພັນສາ 분카오판싸-

승려들이 하안거를 시작하는 날이다. 이 날부터 3개월 간 승려들은 대부분의 시간을 명상과 기도로 보내며, 다른 사원에서 밤을 보내는 것을 삼간다. 일반인들도 단기간으로 절에 들어가 승려 생활을 체험하기도 한다. 이 기간 동안은 모두가 음주가무를 자제하거나 결혼 등 각종 행사일정도 피한다.

억판싸 10월 24일 - ບຸນອອກພັນສາ 분억-판싸-

분카오판싸 이후 3개월 간의 하안거 수행이 끝나는 시기에 거행되는 축제이다. 승려들은 새 옷으로 갈아입고 사람들은 강가에 나와 작은 촛불을 띄워 보내거나 화려한 연등을 날리며, 복을 기원한다. 절제된 생활을 마치는 시기인 만큼 많은 사람들이 먹고 마시며 흥겹게 즐기는 날이기도 하다.

보트 레이싱 축제 10월 25일 - ບຸນຊ່ວງເຮືອ 분쑤왕-흐아-

스님의 하안거 수행이 끝나는 것을 기념하기 위한 행사로, 전국 각지에서 다양한 시기에 열린다. 각 지역별로 다양한 유니폼을 입고 노를 젓는 모습이 장관을 이루는데, 경쟁이 치열한 만큼 응원전 또한 인산인해를 이루는 등 진풍경이 연출된다.

탓루앙 축제 11월 22일 - ບຸນທາດຫຼວງ 분탄-루왕-

16세기 란쌍 왕국의 세타티랏왕이 수도를 비엔티안으로 천도하면서 건립한 탓루앙을 기념하는 축제다. 이 축제기간 동안에는 전국에서 많은 승려들과 신도들이 탓루앙을 방문한다. 밤이면 성대한 불꽃놀이와 먹거리 시장이 열려 볼거리가 풍성하다.

라오스 건국 기념일 12월 2일 - ວັນຊາຕິລາວ 완싼-라오-

베트남 전쟁의 지원 물자가 라오스를 통해 이동하였고, 미국은 이를 봉쇄한다는 이유로 1964년부터 1973년까지 9년간 200만 톤 이상의 폭탄을 투하했다. 그럼에도 끈질기게 살아남은 무장단체 빠텟라오는 미국이 북베트남과 정전 협의에 합의하고 물러난 뒤인 1975년, 비엔티안 정부를 제압하고 무혈혁명에 성공한 뒤 왕정을 폐지하고 라오 인민민주주의공화국을 수립하였다. 지금도 라오스 모든 지폐에는 빠텟라오의 수장이자 초대 대통령인 까이썬 폼위한[ໄກສອນ ພົມວິຫານ]의 사진이 들어 있다.

12 | 제12과
킨와-라-카-타오다이?

ຄິດວ່າລາຄາເທົ່າໃດ?
생각하시는 가격이 얼마입니까?

대화

민쩡-

ມິນຈອງ

민정:

니-맨-커-문-끼야우-깝응옵빠만-래라-카-씬카-나이딸랃-.

**ນີ້ແມ່ນຂໍ້ມູນກ່ຽວກັບງົບປະມານແລະລາຄາສິນຄ້າ
ໃນຕະຫຼາດ.**

저희 측의 예산과 시장가격에 대한 정보입니다.

껜-깨우-

ເກດແກ້ວ

껜깨우:

깜놋다이라이얃-디-라이-.

ກຳນົດໄດ້ລະອຽດດີຫຼາຍ.

세심하게 책정되었군요.

ມິນຈອງ

민정:

라-카-티-남싸너-떠-룩-카-삔내우-다이?

ລາຄາທີ່ນຳສະເໜີຕໍ່ລູກຄ້າເປັນແນວໃດ?

제시한 소비자 가격은 어떤가요?

ເກດແກ້ວ

껜깨우:

후-쓱와-냥팽-너이-능.

ຮູ້ສຶກວ່າຍັງແພງໜ້ອຍໜຶ່ງ.

조금 비싸게 느껴지는군요.

민정: 당난, 무왁-하오다이깜놓늗타쌓- 버-리깐-하이뗌홉-뺍- 래 펌-라-카-하이쑹-큰.

ດັ່ງນັ້ນ, ພວກເຮົາໄດ້ກຳນົດຍຸດທະສາດ ບໍລິການໃຊ້ເຕັມຮູບແບບ ແລະ ເພີ່ມລາຄາໃຊ້ສູງຂຶ້ນ.

그래서, 서비스를 고급화하고 가격을 높이는 전략을 세웠습니다.

껜깨우: 커이-킫와-타-깜놓라-카-니-씨헨하이싸티안-라팝-컹-딸랃-카나이-뚜와-다이낙-라이-.

ຂ້ອຍຄິດວ່າຖ້າກຳນົດລາຄານີ້ຊິເຮັດໃຫ້ສະຖຽນລະພາບ ຂອງຕະຫຼາດຂະຫຍາຍຕົວໄດ້ຍາກຫຼາຍ.

이 가격으로는 안정된 시장을 형성하기 어려울 것 같습니다.

민정: 칸싼, 나이탙-루왕-아이티-라-카-티-킫와쏨헫-쏨폰 맨-타오다이?

ຄັນຊັ້ນ, ໃນຫາດຫຼວງໄອທີລາຄາທີ່ຄິດວ່າສົມເຫດສົມຜົນ ແມ່ນເທົ່າໃດ?

그렇다면, 탓루앙 IT에서 생각하시는 합리적인 가격은 얼마입니까?

껜깨우: 랑짝-빠쑴푸-버-리한-래우- 짜남싸너-익-캉능.

ຫຼັງຈາກປະຊຸມຜູ້ບໍລິຫານແລ້ວ ຈະນຳສະເໜີອິກຄັ້ງໜຶ່ງ.

경영진 회의를 거친 후 제시하도록 하겠습니다.

유용한 표현

- 가격이 비쌉니다. **ລາຄາແພງ.** 라-카-팽-.
- 가격 조정이 필요합니다. **ຈຳເປັນຕ້ອງປັບລາຄາລົງ.** 짬뻰떵-빱라-카-롱.
- 원가를 낮출 수 있는 방법이 없을까요?
  ບໍ່ມີວິທີຫຼຸດຕົ້ນທຶນການຜະລິດບໍ່? 버-미-위티-룯똔튼깐-팔릳버-?
- 이익이 많이 적습니다. **ກຳໄລໜ້ອຍໂພດ.** 깜라이너이-폿-.
- 자본이 많이 적습니다. **ຕົ້ນທຶນຕ່ຳຫຼາຍ.** 똔튼땀라이-.
- 예상 판매량은 어떻게 됩니까?
  ຄາດໝາຍປະລິມານການຂາຍເປັນແນວໃດ?
  칸-마이-빠리만-깐-카이-뺀내우-다이?

가격	ລາຄາ	라-카-	얼마	ເທົ່າໃດ	타오다이
정보	ຂໍ້ມູນ	커-문-	예산	ງົບປະມານ	응옵빠만-
상품	ສິນຄ້າ	씬카-	시장 가격	ລາຄາຕະຫຼາດ	라-카-딸랏-
책정하다, 규정하다	ກຳນົດ	깜녿	제시하다	ສະເໜີ	싸너-
고객	ລູກຄ້າ	룩-카-	느끼다	ຮູ້ສຶກ	후-쓱
여전히, 아직도	ຍັງ	냥	조금	ໜ້ອຍໜຶ່ງ	너이-능
전략	ຍຸດທະສາດ	뉻타쌋-	서비스	ບໍລິການ	버-리깐-
가득하다, 충만하다	ເຕັມ	뗌	주다, 제공하다	ໃຫ້	하이
형식, 양식	ຮູບແບບ	훕-뱁-	증가하다, 덧붙이다	ເພີ່ມຂຶ້ນ	펌-큰
더 커지다. 높다	ສູງຂຶ້ນ	쑹-큰	하다, 만들다	ເຮັດ	헫
안정성	ສະຖຽນລະພາບ	싸티얀-라팝-	확장하다, 드러내다	ຂະຫຍາຍ	카냐이-
자기, 본인, 모습	ຕົວ	뚜와-	어렵다	ຍາກ	냑-
많다	ຫຼາຍ	라이-	적합하다, 연합하다	ສົມ	쏨
이유	ເຫດຜົນ	헫-폰	합리적인	ສົມເຫດສົມຜົນ	쏨헫-쏨폰
행정하다, 집행하다	ບໍລິຫານ	버-리한-	인도하다	ນຳພາ	남파-
한 번	ຄັ້ງໜຶ່ງ	캉능	조절하다	ປັບ	빱
~이하의, 더낮게	ຫຼຸດ	룯	자본, 원금	ຕົ້ນທຶນ	똔튼
생산	ການຜະລິດ	깐-팔릳	이익	ກຳໄລ	깜라이
예상하다	ຄາດໝາຍ	칻-마이-	수량	ປະລິມານ	빠리만-

문법과 활용

➡ 격조사 - ວ່າ 와-

원래 말한 그대로 인용되는 말임을 나타낼 때 사용되는 격조사로, '~라고, ~인지'의 의미를 가지고 있다. 주로 간접적인 표현에 쓰인다.

ຄິດວ່າ 킨와-	~라고 생각하다.
ຂ້ອຍຄິດວ່າເຈົ້າເປັນຄົນດີ. 커이-킨와-짜오뻰콘디-.	제 생각에 당신은 좋은 사람입니다.
ຂ້ອຍຄິດວ່າລາວມັກຫລິ້ນເກມຫຼາຍ. 커이-킨와-라오-막린껨-라이-.	제 생각에 그는 게임을 아주 좋아합니다.

ເວົ້າວ່າ 와오와-	~라고 말하다.
ລາວເວົ້າວ່າລາວບໍ່ສາມາດມາຢູ່ບໍ່ນນີ້. 라오-와오와-라오-버-싸-맏-마-유-번-니-.	그는 여기 올 수 없다고 말했어요.
ຂ້ອຍວ່າແລ້ວເຈົ້າຕ້ອງໄປທີ່ນັ້ນ. 커이-와-래우-짜오떵-빠이티-난.	제 말은 당신이 거기에 가야 합니다.

ຮູ້ສຶກວ່າ 후-쓱와-	~라고 느끼다.
ຂ້ອຍຮູ້ສຶກວ່າຂ້ອຍຈະເສັງໄດ້. 커이-후-쓱와-커이-짜쎙다이.	제 느낌에 시험에 합격할 것 같습니다.
ຂ້ອຍຮູ້ສຶກວ່າຂ້ອຍຈະໄດ້ຮັບການສຳພາດ. 커이-후-쑥와-커이-짜다이합깐-쌈팓-.	제 느낌에 인터뷰를 할 것 같습니다.

ໄດ້ຍິນວ່າ 다이닌와-	~라고 듣다.
ຂ້ອຍໄດ້ຍິນວ່າລາວເຮັດວຽກເກັ່ງ. 커이-다이닌와-라오-헫위약-껭.	그가 일을 잘한다고 들었습니다.
ມື້ນີ້. ໄດ້ຍິນວ່າຈະມີໂຊກດີ. 므-니-. 다이닌와-짜미-쏙-디-.	오늘 행운이 있을 것이라고 들었습니다.

ຮູ້ວ່າ 후-와-	~라고 알다.
ຂ້ອຍຮູ້ວ່າເຈົ້າເປັນທິວຂ້າ. 커이-후-와-짜오뻰후와-나-.	당신이 사장님이라고 알고 있습니다.
ຂ້ອຍຮູ້ວ່າເຈົ້າມັກລາວ. 커이-후-와-짜오막라오-.	당신이 그를 좋아한다고 알고 있습니다.

ຫວັງວ່າ 왕와-	~라고 희망하다.
ຂ້ອຍຫວັງ(ວ່າ)ຈະແຕ່ງງານກັບເຈົ້າ. 커이-왕(와-)짜땡-응안-깝짜오.	당신과 결혼하기를 희망합니다.
ຫວັງວ່າຈະມີຄວາມສຸກປີໃໝ່ເດີ. 왕와-짜미-꾸왐-쑥삐-마이더-.	새해 복 많이 받으시길 희망합니다.

ເຂົ້າໃຈວ່າ 카오짜이와-	~라고 이해하다.
ບໍ່ສາມາດເຂົ້າໃຈວ່າເປັນຫຍັງລາວກັບບ້ານຄົນດຽວ. 버-싸-맏-카오짜이와-뻰냥라오-깝반-콘디야우-.	그가 혼자 집으로 돌아간 이유를 알 수 없습니다.
ຂ້ອຍບໍ່ເຂົ້າໃຈວ່າລາວຄິດແບວໃດ. 커이-버-카오짜이와-라오-킫내우-다이.	나는 그가 어떻게 이해하는지 알 수 없습니다.

연습하기

알맞은 단어를 서로 연결해보자.

A. ທະນາຄານ 타나-칸-　•　　　•　a. 이자

B. ປຶ້ມບັນຊີ 쁨-반씨-　•　　　•　b. 시장

C. ເງິນບັບໃໝມ 응언밥마이　•　　　•　c. 은행

D. ດອກເບ້ຍ 덕-비야-　•　　　•　d. 계좌

E. ເງິນເດືອນ 응언드안-　•　　　•　e. 보증금

F. ຕະຫຼາດ 딸랃-　•　　　•　f. 월급

G. ເງິນປະກັນ 응언빠깐　•　　　•　g. 벌금

세계문화 유산 - 왓푸 (Vat Phou)

라오스의 북쪽에는 루앙프라방이, 남쪽에는 왓푸가 있다. 왓푸는 '산에 있는 절'을 뜻하며, 라오스말로 왇[ວັດ]과 푸[ພູ]가 합쳐진 말이다. 2001년 유네스코 세계문화 유산에 등재되었으며 11세기경에 크메르인들이 세운 것으로 추정한다. 또한 캄보디아의 앙코르와트보다 900년 먼저 세워졌다고 알려져있다. 외세의 침략으로 인해 불교, 크메르, 힌두교 등 총 3가지의 양식이 결합된 크메르 유산의 흔적을 볼 수 있는 남부지역을 대표하는 국립공원이기도 하다.

이곳은 그 옛날 승려들이 기거하던 거주지로 산 위의 절에는 최고 승려가 살고 있었고, 입구에서부터 이어졌던 표지석 사이로 왕이 기도를 하기 위해 이 곳을 지나 갔다고 한다.

지금은 마냥 황무지처럼 보이지만 쓰러진 문명에 대한 먹먹함이 남아있는 곳이다.
이곳은 2014년부터 우리 정부 차원에서 보존 · 복원을 위해 노력하고 있는 곳이기도 하다.

13 | 제13과

커-웰-라-피짜-라나-똠-익-

ຂໍເອລາພິຈາລະນາຕື່ມອີກ

생각할 시간이 좀 더 필요합니다

대화

민쩡-

칸싼, 빠띠받땀-싼냐-다이러이-버-?

ມິນຈອງ

ຄັນຊັ້ນ, ປະຕິບັດຕາມສັນຍາໄດ້ເລິຍບໍ່?

민정: 그럼 이대로 계약을 진행해도 되겠습니까?

쩬-깨우-

커-톳-라이-라이- 므-럼-싼냐-냥삐얀-뺑-다이유-버-?

ເຈນແກ້ວ

ຂໍໂທດຫຼາຍໆ ມື້ເລີ່ມສັນຍາຍັງປ່ຽນແປງໄດ້ຢູ່ບໍ່ ?

쩬깨우: 죄송하지만, 계약일을 변경할 수 있을까요?

내-넌-. 때-미-반하-냥버-?

ມິນຈອງ

ແນ່ນອນ. ແຕ່ມີບັນຫາຫຍັງບໍ່?

민정: 물론이죠. 그런데 무슨 문제가 있나요?

냥미-방-쭏티-짜떵-꾸왇-큰-익-. 커-웰-라-피짜-라나-꾸왇-까-똠-익-껀-더-.

ເຈນແກ້ວ

ຍັງມີບາງຈຸດທີ່ຈະຕ້ອງກວດຄືນອີກ.

ຂໍເອລາພິຈາລະນາກວດກາຕື່ມອີກກ່ອນເດີ.

쩬깨우: 몇 가지 검토해야 할 부분이 있어서요.. 생각할 시간이 좀 더 필요합니다.

며칠 후 전화 통화 **ໂທມາພາຍຫຼັງຈາກສອງສາມມື້** 토-마-파이-랑짝-썽-쌈-므-

땀-티-다이쨍-탕-이-메우-라이-라이얀- 맏-따- 티-쩯맨-하이깨-카이똠-익-다이.

ເຈນແກ້ວ

ຕາມທີ່ໄດ້ແຈ້ງທາງອີເມວລາຍລະອຽດ ມາດຕາ

ທີ່7ແນ່ນໃຫ້ແກ້ໄຂຕື່ມອີກໃດ.

쩬깨우: 이메일로 전달 드린 제7조 세부 항목을 수정 요청드립니다.

미-반하-쭏다이너-?

ມິນຈອງ

ມີບັນຫາຈຸດໃດນໍ?

민정: 무슨 문제가 있습니까?

ເກດແກ້ວ
겐깨우:

다이쁨—라이—라이얀—티—끼야우—컹—깝깐—녹럭— 래 깐—떠—싼냐—다이.

ໄດ້ເພີ່ມລາຍລະອຽດທີ່ກ່ຽວຂ້ອງກັບການຍົກເລີກ ແລະ ການຕໍ່ສັນຍາໄດ້.

계약 파기 및 연장에 관한 사항을 추가했습니다.

ມິນຈອງ
민정:

맨—버—! 칸싼 커—쁙싸—깝타나이—쿠왐—래우— 씨띤떠—깝빠이더—.

ແມ່ນບໍ!
ຄັນຊັ້ນ ຂໍປຶກສາກັບທະນາຍຄວາມແລ້ວ
ຊິຕິດຕໍ່ກັບໄປເດີ.

그렇군요!
그럼 저희 변호사와 상의 후 연락드리겠습니다.

유용한 표현

- 시간을 좀 주세요. ກະລຸນາໃຫ້ເວລາຂ້ອຍແດ່. 깔루나—하이웰—라—커이—대—.
- 좀더 검토해 보겠습니다. ຈະກວດເບິ່ງອີກຕື່ມເດີ. 짜꾸왇—벙익—뜸—더—.
- 계약서를 검토 중입니다. ກຳລັງກວດເບິ່ງໃບສັນຍາ. 깜랑꾸왇—벙바이싼냐—.
- 이번주 내로 연락드리겠습니다.
  ຈະຕິດຕໍ່ກັບພາຍໃນອາທິດນີ້. 짜띤떠—깝파이—나이아—틷니—.
- 회사 내부 사정으로 인해 계약을 하지 않기로 결정했습니다.
  ພວກເຮົາໄດ້ຕັດສິນໃຈທີ່ຈະບໍ່ເຮັດສັນຍາຍ້ອນເຫດຜົນພາຍໃນຂອງ
  ບໍລິສັດ. 푸왁—하오다이딷씬짜이티—짜버—헫싼냐—년—헫—폰파이—나이컹—버—리쌑
- 계약서의 일부분에 대한 변경을 요청합니다.
  ຂໍໃຫ້ມີການປ່ຽນແປງບາງສ່ວນຂອງສັນຍາ.
  커—하이미—깐—삐얀—뺑—방—쑤완—컹—싼냐—.
- 계약을 철회합니다. ຍົກເລີກສັນຍາ. 녹럭—싼냐—.
- 계약을 연장합니다. ຕໍ່ສັນຍາ. 떠—싼냐—.

200

고려하다	ພິຈາລະນາ	피짜-라나-	더하다, 추가하다	ຕື່ມ	뜸-
나가다, 약간	ອອກ	억-	시행하다, 실천하다	ປະຕິບັດ	빠띠받
~따라, ~대로	ຕາມ	땀-	계약	ສັນຍາ	싼냐-
어조사(허락)	ເລີຍ	러이-	시작하다, 최초의	ເລີ່ມ(ຕື້ນ)	럼-(뜬)
존재하다, 아직도	ຍັງ	냥	변화하다, 개변하다	ປ່ຽນແປງ	삐얀-뺑
문제	ບັນຫາ	반하-	어떤, 몇몇의, 얇다	ບາງ	방-
점(쉼표), 논점	ຈຸດ	쭌	점검하다, 검사하다	ກວດ	꾸왇-
알리다, 신고하다	ແຈ້ງ	쨍-	길, 방면, 도로	ທາງ	탕-
상세하다, 자세히	ລະອຽດ	라이얃-	제, 조, 항	ມາດຕາ	맏-따-
해결하다, 개정하다	ແກ້ໄຂ	깨-카이	추가하다	ເພີ່ມ	펌-
관계하다	ກ່ຽວຂ້ອງ	끼야우-컹-	취소하다	ຍົກເລີກ	녹럭-
계약서	ໃບສັນຍາ	바이싼냐-	계약을 연장하다	ຕໍ່ສັນຍາ	떠-싼냐-
상담하다, 논의하다	ປຶກສາ(ຫາລື)	쁵싸-(하-르-)	계약을 위반하다	ລະເມີດສັນຍາ	라먿-싼냐-
연락하다	ຕິດຕໍ່	띧떠-	계약 기간	ໄລຍະເວລາສັນຍາ	라이냐웰-라-싼냐-
변호사	ທະນາຍ(ຄວາມ), ນັກກົດໝາຍ	타나이-(쿠왐-), 낙꼳마이-	계약 만료일	ມື້ສິ້ນສຸດສັນຍາ	므-씬쑫싼냐-
계약 무효	ສັນຍາເປັນໂມຄະ	싼냐-뻰모-카	판사	ຜູ້ພິພາກສາ	푸-피팍-싸-
결정하다	ຕັດສິນໃຈ	딷씬짜이	왜냐하면, ~때문에	ຍ້ອນ	년-
이유	ເຫດຜົນ	헫-폰	내부, ~안에	ພາຍໃນ	파이-나이
변화하다, 개변하다	ປ່ຽນແປງ	삐얀-뺑	일부분	ບາງສ່ວນ	방-쑤완

➡ 본문의 응용

ເລີຍ 러이-	어조사 : 허락의 의미 동사 : 넘다, 초과하다, 지나가다 접속사 : 따라서 부정사 : 전혀, 절대로, 완전히 **ຈັ່ງ** 쯩과 비슷한 의미로 많이 사용됨
ໂທໄດ້ເລີຍ. 토-다이러이-.	전화할 수 있어요. (허락)
ມາຮອດຕະຫຼາດ ແລ້ວເລີຍໄປເຮືອນໝູ່. 마-헏-딸랃- 래우-러이-빠이흐안-무-.	시장에 도착했는데 친구 집을 지나쳤습니다. (지나다)
ເພາະລົດເມບໍ່ມາຕາມເວລາຂ້ອຍເລີຍໃຈຮ້າຍ. 퍼론메-버-마-땀-웰-라-커이-러이-짜이하이-.	버스가 제시간에 안 와서 화가 나요. (따라서)
ຂ້ອຍບໍ່ເຂົ້າໃຈເລີຍ. 커이-버-카오짜이러이-.	저는 전혀 이해하지 못했습니다. (전혀)
ລາວເວົ້າຫຍັງ ຂ້ອຍບໍ່ຮູ້ຫຍັງເລີຍ. 라오-와오냥 커이-버-후-냥러이-.	그가 뭘 말하는지 저는 전혀 몰랐어요. (전혀)

ຄວາມ 쿠왐-	내용, 의미 소송, 소송사건 추상명사를 만드는 접두어
ມີຫຍັງສັ່ງຄວາມໄວ້ຕື່ມບໍ່? 미-냥쌍쿠왐-와이뜸-버-?	전할 내용이 더 있나요?
ມື້ນີ້ແມ່ນມື້ທີ່ມີຄວາມໝາຍສໍາລັບຂ້ອຍ. 므-니-맨-므-티-미-쿠왐-마이-쌈랍커이-.	오늘은 제게 의미가 있는 날입니다.

다음 문장을 라오스어로 바꿔 쓰고 말해보자.

1. 무슨 문제가 있습니까?

_____

2. 계약을 연장합니다.

_____

3. 시간을 좀 주세요.

_____

4. 계약서를 검토 중입니다.

_____

주택 임대 계약

여행, 비즈니스 등으로 라오스에 장기 체류할 때에는 주택을 임대하여 체류하는 것이 편리하다. 일반적으로 집세는 계약기간에 따라 한꺼번에 미리 지불하는 경우가 대부분이다. 주인이 가전 집기를 구비해야 하는 부담을 집세에서 충당하는 경우가 많기 때문이다. 집세에는 생활에 필요한 가전 집기는 포함되어 있는 경우가 많고, 필요한 집기가 부족하면 주인과 협의해서 요청할 수 있다. 각종 공과금(전기세, 인터넷) 등은 사용자가 부담한다. 계약을 해지할 경우에는 적어도 1개월 전에 이미 통보하는 것이 좋다.

라오스에서 주택 임대 표시는 대문 앞에 "Rent House"라고 붙어 있고, 마당이 딸린 집들이 많다. 현지인의 소개로 임대받는 경우에 주인은 소개인에게 1개월의 임대료를 소개로 주기도 한다. 일반적으로 주택의 위치에 따라 수도 비엔티안을 기준으로 $300~$500, 많게는 2000$까지 천차만별로 형성되며, 지방의 경우 200$ 이내에 구할 수 있기도 하다. 집이 무조건 크다고 좋은 것만은 아니다. 이왕이면 까다롭게 발품을 팔아 좋은 조건에 좋은 집을 찾아 보는 것은 어떨까? 사람사는 곳은 어디나가 똑같다. 계약서에 입력되는 내용은 꼼꼼히 체크해서 불이익 당하지 않도록 하자.

14 | 제14과

마-얌-까올리-짝트아-더-

ມາຍາມເກົາຫຼີຈັກເທື່ອເດີ

한국에 한번 오세요

민찡-
ມິນຈອງ
민정:

드안-나-완티-싸우-하- 미-응안-쌀렁-콥흡-흑삐-컹-버-리싼무왁-하오.

ເດືອນໜ້າວັນທີ25 ມີງານສະຫຼອງຄົບຮອບ6ປີຂອງ ບໍລິສັດພວກເຮົາ.

다음달 25일 저희 회사의 6주년 기념식이 있습니다.

껜-깨우-
ເກດແກ້ວ
껜깨우:

닌디-님더-.

ຍິນດີນຳເດີ.

축하드립니다.

민찡-
ມິນຈອງ
민정:

커이-약-썬-탄-빠탄- 래 파낙응안-탇-루왕- IT.

ຂ້ອຍຢາກເຊີນທ່ານປະທານ ແລະ ພະນັກງານພາດທ່ອງ IT.

사장님과 탓루앙 IT 임직원 분들을 초대하고 싶습니다.

껜깨우-
ເກດແກ້ວ
껜깨우:

컵-짜이더-. 나이응안-쌀렁-콥흡-흑삐- 버-미-냥하이쑤와이-버-?

ຂອບໃຈເດີ. ໃນງານສະຫຼອງຄົບຮອບ6ປີ ບໍ່ມີຫຍັງໃຫ້ຊ່ວຍບໍ່?

감사합니다. 6주년 행사에 도와드릴 것은 없을까요?

민찡-
ມິນຈອງ
민정:

나이빠텓-까올리-미-깐-까우-와-: 타-마-후왐-응안-몽쿤남깐닝헫하이미-쿠왐-닌디- 펌-뻰타오뚜와-.

ໃນປະເທດເກົາຫຼີມີການກ່າວວ່າ: ຖ້າມາຮ່ວມງານມ່ວນຊຸນ ນຳກັນຍິ່ງເຮັດໃຫ້ມີຄວາມຍິນດີເພີ່ມເປັນເທົ່າຕົວ.

한국에서는 기쁜 일은 함께 하면 두 배가 된다고 말합니다.

เทดแท้อ 나이라오-꺼-쎈디야오-깐.
껜깨우: ໃນລາວກໍ່ເຊັ່ນດຽວກັນ.
라오스도 기념식을 함께 축하하는 문화입니다.

มิมจอง 커-피양-때-마-후왐-응안-타오난 꺼-뻰끼얕-깨-푸왁-하오래우-.
민정: ຂໍພຽງແຕ່ມາຮ່ວມງານເທົ່ານັ້ນ ກໍເປັນກຽດແກ່ພວກເຮົາແລ້ວ.
와주시는 것만으로도 저희에게 영광이 될 것입니다.

เทดแท้อ 씨마-후왐-하이다이.
껜깨우: ຊິມາຮ່ວມໃຫ້ໄດ້.
꼭 참석하겠습니다.

유용한 표현

- 저희 회사의 창립 기념식에 초대합니다.
  ເຊີນທ່ານສະເຫຼີມສະຫຼອງການສ້າງຕັ້ງບໍລິສັດຂອງພວກເຮົາ.
  썬-탄-쌀럼-쌀렁-깐-쌍-땅버-리쌋컹-푸왁-하오.

- 축하합니다.   ຂໍສະແດງຄວາມຍິນດີນຳ. 커-싸댕-쿠왐-닌디-남.

- 라오스의 기념식 문화는 어떤가요?
  ວັດທະນະທຳການສະເຫຼີມສະຫຼອງຂອງລາວເປັນແນວໃດ?
  왇타나탐깐-쌀럼-쌀렁-컹-라오-뻰내우-다이?

- 초대해 주셔서 감사합니다.
  ຂອບໃຈທີ່ເຊີນມາຮ່ວມງານ. 컵-짜이티-썬-마-후왐-응안-.

- 당신을 만나게 되서 영광입니다.
  ຂ້ອຍຮູ້ສຶກເປັນກຽດທີ່ໄດ້ພົບເຈົ້າ. 커이-후-쓱뻰끼얕-티-다이폽짜오.

- 한국에 와본 적이 있습니까?
  ທ່ານເຄີຍມາເກົາຫຼີບໍ່? 탄-크이-마-까올리-버-?

- 저희가 호텔 및 항공 편을 예약하겠습니다.
  ພວກເຮົາຈະຈອງໂຮງແຮມແລະຫ່ຽວບິນ. 푸왁-하오짜껑-홍-햄-래티야우-빈.

206

단어

방문하다	ຢາມ	얌-	보다	ເບິ່ງ	벙
다음달	ເດືອນໜ້າ	드안-나-	일, 날	ວັນ	완
년, 해	ປີ	삐-	축하하다, 기념하다	ສະຫຼອງ	쌀렁-
꽉차다, 주년	ຄົບຮອບ	콥헙-	기념식	ງານສະຫຼອງຄົບຮອບ	응안-쌀렁-콥헙-
초대하다	ເຊີນ	썬-	참석하다	ເຂົ້າຮ່ວມ	카오후암-
말하다, 언급하다	ກ່າວ	까우-	~라고, ~인지	ວ່າ	와-
함께 (일)하다	ຮ່ວມງານ	후암-응안-	미덕	ມີງຄຸນ	몽쿤
함께, 같이	ນຳກັນ	남깐	더욱	ຍິ່ງ	닝
~하게 만들다	ເຮັດໃຫ້	헬하이	기쁨	ຄວາມຍິນດີ	쿠암-닌디-
증가하다, 덧붙이다	ເພີ່ມ	펌-	두배	ເທົ່າຕົວ, ສອງເທົ່າ	타오뚜와-, 썽-타오
문화	ວັດທະນະທຳ	왈타나탐	단지	ພຽງແຕ່	피양-때-
역시 ~뿐	ເທົ່ານັ້ນ	타오난	~도	ກໍ	꺼-
영광	ກຽດ	끼얃-	~에게, 늦다	ແກ່	깨-
초대의 글	ຄຳເຊີນ	캄썬-	축하합니다	ຊົມເຊີຍ	쏨써이-
경축하다	ສະເຫຼີມສະຫຼອງ	쌀럼-쌀렁-	초대장	ບັດເຊີນ	받썬-
축하합니다	ຂໍສະແດງຄວາມຍິນດີ	커-싸댕-쿠암-닌디-	설립하다	ສ້າງຕັ້ງ	쌍-땅
장례식	ງານສົບ	응안-쏩	결혼식	ງານແຕ່ງ(ດອງ), ດອງ	응안-땡-(덩-), 덩-
생일 파티	ງານວັນເກີດ	응안-완껃-	바씨 의식	ງານບາສີສູ່ຂວັນ	응안-바-씨-쑤-쿠완

207

➡ ໃຫ້ 하이의 두 가지 용법

본동사로 쓰일 때는 '~을 주다'의 의미를 가지고 있으며, 사역동사로 쓰일 때는 '~하게 하다, ~시키다'의 의미로 많이 사용된다. '~에게' 의미를 담고 있는 ແກ່ 깨- 와 함께 많이 사용되기도 하며, 말하기에서는 ແກ່ 깨-는 생략 가능하며, 공식적인 글쓰기에서는 사용한다.

~을 주다	본동사로 쓰일 때
그가 무엇을 주었습니까?	ລາວໃຫ້ຫຍັງ? 라오-하이낭?
누가 그에게 주었습니까?	ໃຜໃຫ້ລາວ? 파이하이라오-?
그가 내게 돈을 주었습니다.	ລາວໃຫ້ເງິນຂ້ອຍ. 라오-하이응언커이-.
도와드릴 것이 있습니까?	ມີຫຍັງໃຫ້ຊ່ວຍບໍ່? 미-냥-하이쑤와이-버-?
나는 친구에게 선물을 주었습니다.	ຂ້ອຍເອົາຂອງຂວັນໃຫ້(ແກ່)ໝູ່. 커이-아오컹-쿠완하이(깨-)무-.

~시키다, ~하게하다	사역동사로 쓰일 때
결혼식에 가주세요.	ໄປງານດອງໃຫ້ແດ່. 빠이응안-덩-하이대-.
여기에 서명하세요.	ເຊັນຊື່ບ່ອນນີ້ໃຫ້ແດ່. 쎈쓰-번-니-하이대-.
맛있게 만들어주세요.	ເຮັດແຊບໆໃຫ້ແດ່. 헫쌥-쌥-하이대-.
그가 내게 열심히 공부하라고 말했습니다.	ລາວບອກໃຫ້ຂ້ອຍຮຽນຕັ້ງໃຈ. 라오-벅-하이커이-히얀-땅짜이.
그가 나에게 라오스어를 가르쳐주었습니다.	ລາວສອນພາສາລາວໃຫ້ຂ້ອຍ. 라오-썬-파-싸-라오-하이커이-.
이 일을 해줄 수 있어요?	ເຈົ້າເຮັດວຽກນີ້ໃຫ້ຂ້ອຍໄດ້ບໍ່? 짜오헫위약-니-하이커이-다이버-?

A 그림을 보고 라오스어로 써보자.

1. 결혼식 |

2. 생일 |

3. 장례식 |

4. 바씨의식 |

B 알맞은 단어를 서로 연결해보자.

A. ເຮັດໃຫ້ຕື່ມ 헫하이뜬- •   • a. 읽어주다

B. ເຊີນ 썬- •   • b. 기억하게 하다

C. ອະທິບາຍ 아티바이- •   • c. 먹이다

D. ເຂົ້າຮ່ວມ 카오후왐- •   • d. 초대하다

E. ເຮັດໃຫ້ຈື່ 헫하이쯔- •   • e. 설명하다

F. ໃຫ້ກິນ 하이낀 •   • f. 참석하다

G. ອ່ານໃຫ້ 안-하이 •   • g. 일어나게 하다

전통춤 - 람봉 (Lamvong)

라오스에는 즐기는 문화가 많다. 그 중에 빠질 수 없는 것이 춤이다. 어릴 때 부터 일상화되어 있어 어린이 노인 가릴것 없이 춤을 즐길줄 안다.
람봉[ລາວົງ]은 결혼식, 축제, 가족행사 등 각종 행사에 빠지지 않고 등장하는 가장 흥겨운 전통춤 중의 하나이다. 음악에 맞춰 손목과 손가락을 구부려주고 팔과 다리는 품위 있게 움직여주며 지속적으로 큰 원을 그리면서 추는 기본적인 원형 무용이다.

보통 남자는 안쪽, 여자는 바깥쪽에 위치하며, 시계 반대방향으로 원을 돌며 춤을 춘다. 춤의 시작과 끝은 존경의 표현으로 서로의 파트너에게 손을 합장하고 인사를 하는 것이 기본 예의이다.
이 외에도 스텝에 맞추어 단체춤을 추기도 하며, 전통음악 악기 반주에 맞추어 춤을 추는 몇 가지의 형태의 춤이 있으며, 지역마다 약간의 특색을 가지고 있다.
라오스에서 춤은 주민들의 행복과 휴식을 돕는 중요한 역할을 한다. 그들이 낙천적으로 사는 이유이기도 한것 같다.

15 | 제15과
오-깐-나-왕와-씨다이폽깐익-
ໂອກາດໜ້າຫວັງວ່າຊິໄດ້ພົບກັບອີກ
다음 만남을 기대합니다

대화

민쩡-
커이-후-쓱닌디-라이-티-깐-헬싼냐-캉탐잍깝탕-파이-라오-쌈렏빠이두와이-디-.

ມິນຈອງ
민정:
ຂ້ອຍຮູ້ສຶກຍິນດິຫຼາຍທີ່ການເຮັດສັນຍາຄັ້ງທຳອິດ
ກັບທາງຝ່າຍລາວສຳເລັດໄປດ້ວຍດິ.
라오스와의 첫 계약이 잘 성사되어 기쁩니다.

껠-깨우-
탕-하오꺼-쎈디야우-깐. 야-름-마-라오-익-더-.

ເກດແກ້ວ
껜깨우:
ທາງເຮົາກໍ່ເຊັ່ນດຽວກັນ. ຢ່າລືມມາລາວອີກເດີ.
저희도 같은 마음입니다. 라오스에 또 오세요.

내-넌-. 크-씨름-루왕-파방-므앙-응암-버-다이덕-.

ມິນຈອງ
민정:
ແນ່ນອນ. ຄຶຊິລືມຫຼວງພະບາງເມືອງງາມບໍ່ໄດ້ດອກ.
물론입니다. 아름다운 루앙프라방을 잊을 수 없을 것 같습니다.

타-마-이얌-얌-트아-나-약-짜파-빠이벙티우탈탐마쌑-티-락-라이-컹-빠텓-라오-.

ເກດແກ້ວ
껜깨우:
ຖ້າມາຢ້ຽມຢາມເທື່ອໜ້າຍາກຈະພາໄປເບິ່ງທິວທັດ
ທຳມະຊາດທີ່ຫຼາກຫຼາຍຂອງປະເທດລາວ.
다음 방문 때는 라오스의 다양한 풍경을 보여드리고 싶군요.

민정: 와-, 욷짜이타-버-와이래우-!

민정: ອ້າ, ອິດໃຈຕ້າບໍ່ໄທວແລ້ວ!

민정: 와, 벌써 기대가 되는데요!

껠깨우: 칸싼, 폽깐유-까올리-더-.

껠깨우: ຄັນຊັ້ນ, ພົບກັນຢູ່ເກົາຫຼີເດີ.

껠깨우: 그럼, 한국에서 뵙겠습니다.

민정: 짜오, 씨타-더-. 래우-띧떠-하-커이-대-더-타-르악-푸-티-씨카오후왐-다이래우-나.

민정: ເຈົ້າ, ຊິຖ້າເດີ. ແລ້ວຕິດຕໍ່ຫາຂ້ອຍແດ່ເດີຕ້າເລືອກ ຜູ້ທໍ່ຊິເຂົ້າຮ່ວມໄດ້ແລ້ວມະ.

민정: 네, 기다리고 있겠습니다. 참석자가 정해지는 대로 연락주세요.

껠깨우: 짜오, 쏙-디-더- 헐-래우-띧떠-하-대-더-.

껠깨우: ເຈົ້າ, ໂຊກດີເດີ ຮອດແລ້ວຕິດຕໍ່ຫາແດ່ເດີ.

껠깨우: 네, 조심히 가시고 도착 후 연락주십시오.

유용한 표현

- 또 뵙겠습니다. ແລ້ວພົບກັນໃໝ່. 래우-폽깐마이.
- 다음 회의 때 뵙겠습니다.
  ພົບກັນໃໝ່ໃນກອງປະຊຸມເທື່ອໜ້າ. 폽깐마이나이껑-빠쑴트아-나-.
- 기대하고 있습니다. ຫວັງວ່າຈະເປັນຈິງ. 왕와-짜뻰찡.
- 물론입니다. ແມ່ນອນ. 내-넌-.
- 우리 함께 잘해 봅시다.
  ພວກເຮົາຈະກ້າວໜ້າໄປພ້ອມກັນ. 푸왁-하오짜까우-나-빠이펌-깐.

다음 기회 (때, 시기)	ໂອກາດໜ້າ	오-깐-나-	만나다	ພົບກັບ	폽깐
처음	ຄັ້ງທຳອິດ	캉탐잍	측, 길	ທາງ	탕-
측, 부분, 종파	ຝ່າຍ	파이-	성사 (성취)하다	ສຳເລັດ	쌈렏
익히, 훌륭하게	ດ້ອຍດີ	두와이-디-	~도	ກໍ່	꺼-
같다	ເຊັ່ນ(ດຽວ)ກັນ	쎈(디야우-)깐	~하지 마라	ຢ່າ	야-
잊다	ລືມ	름-	루앙프라방	ຫຼວງພະບາງ	루왕-파방-
도시, 군(행정)	ເມືອງ	므앙-	아름다운	ງາມ	응암-
불가능하다	ບໍ່ໄດ້	버-다이	~예요(강조)	ດ້ອກ	덕-
방문하다	ຢ້ຽມຍາມ	(이얌-)(얌-)	다음에	ເທື່ອໜ້າ	트아-나-
동반하다	ພາ	파-	보다	ເບິ່ງ	벙
풍경	ທິວທັດ	티우탇	자연	ທຳມະຊາດ	탐마쌛-
다양한	ຫຼາກຫຼາຍ	락-라이-	참다, 억누르다	ອົດໃຈ	옫짜이
뽑다, 선택하다	(ຄັດ)ເລືອກ	(칸)르악-	도착하다	ຮອດ	헏-
~할 수 있다	ໄຫວ	와이	참석하다	ເຂົ້າຮ່ວມ	카오후왐-
밟다, 걸음보	ກ້າວ	까우-	전진하다, 진보하다	ກ້າວໄປໜ້າ	까우-빠이나-

213

조동사의 다양한 활용 - 금지, 조언, 의무

ຢ່າ 야-	~하지 마세요 (동작)
ຢ່າກິນ. 야-낀	먹지 마세요.
ຢ່າໄປ. 야-빠이	가지 마세요.
ຢ່າຈອດລົດທີ່ນີ້. 야-쩐-롣티-니-.	이곳에 주차하지 마세요.

ຫ້າມ 함-	금지하다 알림/공고판 등에 주로 사용함
ຄົນນອກຫ້າມເຂົ້າ. 콘녁-함카오.	외부인 출입금지입니다.
ຫ້າມເຂົ້າຖ້າບໍ່ໄດ້ຮັບອະນຸຍາດ. 함-카오타-버-다이합아눝-.	허락받지 않고 출입하는 것은 금지입니다.
ທີ່ນີ້ແມ່ນເຂດຫ້າມຈອດລົດ. 티-니-맨-켇-함-쩓-롣.	이곳은 주차금지 구역입니다.

ຫ້າມ 함-	안되다, 불가능하다, ~해서는 안된다 동사 + ບໍ່ໄດ້ 버-다이는 가벼운 충고 표현으로 사용할 수 있다.
ໄປບໍ່ໄດ້. 빠이버-다이.	가서는 안됩니다.
ກິນບໍ່ໄດ້. 낀버-다이.	먹어서는 안됩니다.
ຕົວະບໍ່ໄດ້. 뚜와버-다이.	거짓말해서는 안됩니다.

연습하기

다음 문장을 라오스어로 바꿔 쓰고 말해보자.

1. 한국에서 만나요.

   _____

2. 라오스에 또 오세요.

   _____

3. 물론입니다.

   _____

4. 기대하고 있습니다.

   _____

전통 의식 - 바씨 의식(Baci Ceremony)

바씨[ບາສີ]란 서로에게 복을 빌어주는 행위로 떠나는 사람뿐 아니라 결혼식, 돌잔치, 약혼식 등의 경사를 축하할 때 치르며 혼을 불러들이는 행위를 말한다. 라오스어로는 쑤쿠완[ສູຂວັນ] 또는 맏켄[ມັດແຂນ]이라고 부른다. 바씨 의식은 이런 행사를 축복하는 의식일뿐 아니라 일상의 소소한 행복을 빌어주는 의식이기도 하다.

바씨 의식을 할 때는 꽃과 나뭇잎으로 장식한 파쿠완[ພາຂວັນ]을 중심으로 둘러앉아 마을의 원로가 불교 경전을 외우며 육체와 정신의 혼을 이롭게 하고 육체에서 빠져 나간 혼이 다시 제자리를 잡을 수 있도록 위로를 한다. 그리고 파쿠완 위에 길게 늘어져 있는 실을 하나씩 잡는다. 이 실은 인연을 상징하는 것으로 실을 잡은 채 남아 있는 사람과 떠나는 사람을 위해 행운을 빌어준다.

그 기도가 끝나면 면실을 의식에 참석한 사람들 손목에 묶어주며 서로의 건강과 행운을 기원한다. 이때 실로 팔을 묶은 후 주인공들에게 축의금이나 노잣돈 등을 끼워주기도 한다. 상대방이 실을 묶어 줄때는 한손을 올려 '놉' 자세를 취하고 기본 예의를 갖춘다.

바씨를 통해 묶여진 면실은 3일이 지난 후 가위로 자르지 않고 정성껏 푸는 것으로 라오스 전통의식 바씨는 비로소 끝이 난다.

연습하기 정답

01 | 일상회화 편

01과

A
1. 커피 ກາເຟ 까-페-   2. 물 ນ້ຳ 남
3. 밥 ເຂົ້າ 카오   4. 간식 ອາຫານທວ່າງ 아-한-왕-

B
1. ຂ້ອຍສະບາຍດີ. 커이-싸바이-디-.
2. ຍິນດີທີ່ຮູ້ຈັກ. 닌디-티-후-짝.
3. ເຈົ້າກິນເຂົ້າແລ້ວບໍ່? 짜오낀카오래우-버-?
4. ບໍ່ໄດ້ພົບກັນດົນແລ້ວ. 버-다이폽깐돈래우-.

02과 **A**
1. D / 2. C / 3. B / 4. A

03과 **A**
A-e / B-g / C-a / D-f / E-b / F-c / G-d / H-i / I-h

04과

A
1. ລາວໜ້າສົງສານໝາຍ. 라오-나-쏭싼-라이-
2. ພໍ່ໃຈຮ້າຍ. 퍼-짜이하이-
3. ເບິ່ງຂ້ອຍຄົບໍ່ມີຄວາມສາມາດ. 벙커이-크-버-미-쿠왐-싸맏-
4. ງ່ວງນີ້ຂ້ອຍເທົ່າໆ. 디야우-니-커이응아오
5. ຂ້ອຍເສົ້າເພາະທ່າງໆກັບຄອບຄົວ. 커이-싸오퍼항-깝컵-쿠와-

05과

A
1. ສິບໂມງສິບຂ້າງນາທີ 씹몽-씹하-나-티-
2. ໜຶ່ງໂມງເຄິ່ງ 능몽-컹
3. ສິບສອງໂມງສີ່ສິບຂ້າງນາທີ 씹썽몽-씨-씹하-나-티-
4. ທົກໂມງສິບນາທີ 혹몽-씹나-티-
5. ແປດໂມງຊາວສອງນາທີ 뺃몽-싸우-썽-나-티-
6. ສິບສອງໂມງ 씹썽-몽-

06과 A-b / B-i / C-e / D-a / E-d / F-g / G-f / H-j / I-h / J-k / K-l / L-c

07과
1. ຂະໜາກໂປມສິບຂໜ່ວຍເທົ່າໃດ? 막-뽐-씹누와이-타오다이?
2. ນີ້ເດີເງິນທອນສິບພັນກີບ. 니-더-응언턴-씹판낍-.
3. ຂະໜາກມ່ວງຫນຶ່ງກ່ອງແມ່ນ ສາມສິບພັນກີບ.
   막-무왕-능껑-맨 쌈-씹판낍-.
4. ຂະໜາກໂປມລາຄາແພງ. ຫຼຸດລາຄາໃຫ້ແດ່.
   막-뽐-라-카-팽-. 룻라-카-하이대-.

08과 A-h / B-f / C-c / D-g / E-e / F-b / G-d / H-a

09과 A-c / B-d / C-b / D-a

10과
1. Q. ຕ້ອງຂີ່ລົດຄັນໃດ? 떵-키-롣칸-다이?
   A. ຂີ່ລົດເມສີຂຽວເດີ. 키-롣메-씨-키야우-더-.
2. Q. ຍາກໄປໄປສະນີ. 약-빠이빠이싸니-.
   A. ຂີ່ລົດແທັກຊີຢູ່ນີ້ເດີ. 키-롣택-씨-유-니-더-.
3. Q. ສະຖານີລົດເມຢູ່ໃສ? 싸타-니-롣메-유-싸이?
   A. ຢູ່ໃກ້ຕະຫຼາດເຊົ້າ 유-까이딸랃-싸오.

11과
1. ບໍ່ຕ້ອງໃສ່ຫອມປ້ອມເດີ. 버-떵-싸이험-뻠-더-.
2. ໄລ່ເງິນແດ່. ເທົ່າໃດບໍ? 라이응언대-. 타오다이너-?
3. ເອົາເຜີໃຫ້ແດ່. 아오퍼-하이대-.
4. ອາຫານລາວແຊບຫຼາຍ. 아-한-라오-쌥-라이-.

13과
1. ກະເປົາຂອຍເສຍ. 까빠오커이-씨야-.
2. ຂອຍໂທຫາຕຳຫຼວດໃຫ້ແດ່. 쑤와이-토-하-땀루왇-하이대-.
3. ສະຖານທູດເກົາຫຼີຢູ່ໃສເນາະ? 싸탄-툳-까올리-유-싸이너?
4. ຂອຍຊິວິດຂອຍແດ່. 쑤와이-씨-윋커이-대-.

02 | 비즈니스회화 편

01과 A-c / B-d / C-a / D-b

02과 A-c / B-d / C-e / D-b / E-a

03과
1. ລາວບໍ່ ແມ່ນ ຄົນ ເກົາຫຼີ. 라오-버-맨-콘까올리-.
2. ນີ້ ແມ່ນ ຫຍັງ? 니- 맨-냥?
3. ນີ້ແມ່ນ ຫນັງສືສັນຍາ. 니-맨-낭쓰-싼냐-.
4. ເຈົ້າ ຊື່ ຫຍັງ? 짜오쓰-냥?
5. ເຈົ້າ ແມ່ນ ນັກທຸລະກິດ ບໍ? 짜오맨-낙투라낏버-?

04과 A-c / B-f / C-e / D-b / E-d / F-a / G-g

05과 A-c / B-e / C-f / D-d / E-b / F-a / G-h / H-g

06과
1. ໂອ! ໜ້າສົນໃຈແທ້! 오-! 나-쏜짜이태-.
2. ມີແຜນການຈະດຳເນີນງານທຸລະກິດໃໝ່ໃນລາວ.
미-팬-깐-짜담넌-응안-투라낏마이나이라오-.
3. ຂ້ອຍມີແຜນຈະຂະຫຍາຍຢູ່ສາຂາປາກເຊ.
커이-미-팬-짜카나이-유-싸-카-빡-쎄-.

07과

1. ບໍ່ຕ້ອງກັງວົນກໍໄດ້. 버-떵-깡원꺼-다이.
2. ຂ້ອຍບອກຂ້ອຍກ່ຽວກັບເຂດພັດທະນາອຸດສາຫະກຳໃນປະເທດລາວແດ່ 쑤와이-벅-커이-끼야우-갑켑-팓타나-웇싸-하깜나이빠텓-라오-대-.
3. ຈະມີການສຳຫຼວດຕະຫຼາດຕົວເມືອງໄກສອນ. 짜미-깐-쌈루왇-딸랃-뚜와-므앙-까이썬-.
4. ອົງການ INGO ຢູ່ເຂດໃດມີຫຼາຍ? 옹깐- INGO 유-켇-다이미-라이-?

 08과

1. 맥주 ເບຍ 비야-   2. 물고기 ປາ 빠-
3. 음식 ອາຫານ 아-한-   4. 사원 ວັດ 왇

Ⓑ A-b / B-a / C-c / D-e / E-d

 09과

1. 대사관 ສະຖານທູດ 싸탄-툳-   2. 초대장 ບັດເຊີນ 받썬-
3. 시계 ໂມງ 몽-   4. 호텔 ໂຮງແຮມ 홍-햄-

Ⓑ A-c / B-d / C-a / D-b

 10과

1. ຊຸໂຂສະບາຍແບວໃດ? 씨코-싸나-내우-다이?
2. ໃຜມີຂໍ້ສະເໜີຫຍັງບໍ່? 파이미-커-싸너-냥버-?
3. ໃຫ້ເບິ່ງຢູ່ທບນ້າຈໍເດີ. 하이벙유-나-쩌-더-.

 11과

1. D / 2. C / 3. B / 4. A

 12과

A-c / B-d / C-g / D-a / E-f / F-b / G-e

 13과

1. ມີບັນຫາຈຸດໃດບໍ? 미-반하-쭏다이너-?
2. ຕໍ່ສັນຍາ. 떠-싼냐-.
3. ກະລຸນາໃຫ້ເວລາຂ້ອຍແດ່. 깔루나-하이웰-라-커이-대-.
4. ກຳລັງກວດເບິ່ງໃນສັນຍາ. 깜랑꾸왇-벙바이싼냐-.

14과

A

1. 결혼식 ງານແຕ່ງດອງ 응안-땡-덩-

2. 생일 ວັນເກີດ 완껃-

3. 장례식 ງານສົບ 응안-쏩

4. 바씨의식 ງານບາສີສູ່ຂວັນ 응안-바-씨-쑤-쿠완

B

A-g / B-d / C-e / D-f / E-b / F-c / G-a

15과

A

1. ພົບກັນຢູ່ເກົາຫຼີເດີ. 폽깐유-까올리-더-.

2. ມາຢ້ຽມລາວອີກເດີ. 마-얌-라오-익-더-.

3. ແມ່ນບອນ. 내-넌-.

4. ຫວັງວ່າຈະເປັນຈິງ. 왕와-짜뻰찡.

부록

라오스 노선을 취항하는 항공사

● **티웨이 항공** https://www.twayair.com, 1688-8686

● **진에어 항공** https://www.jinair.com, 1600-6200

● **라오 항공** http://www.laoairlines.com, +856-21-510-040

● **에어 부산** https://www.airbusan.com, 1666-3060

● **제주 항공** https://www.jejuair.net, 1599-1500

● **베트남 항공** https://www.vietnamairlines.com, +84-24-38320320

● **타이 항공** https://www.thaiairways.com, (02) 3707-0114

현지 주요 연락처

● **주라오스 한국대사관**
http://overseas.mofa.go.kr/la-ko/index.do, +856-20-5839-0080

● **재라오스 한인회**
http://homepy.korean.net/~laos1/www, +856-20-55555-112

● **라오스 현지 긴급 구조 서비스**
https://www.facebook.com/Vientianerescue1623, 1623

● **라오스 관광청**
http://www.tourismlaos.org, +856-21-212248

싸바이디 라오스어

● **싸바이디 라오스어 커뮤니티**

https://www.facebook.com/laokoreacom

Global Biz **Lao**

싸바이디
라오스어

일상회화 편 · 비즈니스회화 편

2019년 1월1일 1판 1쇄 발행

저   자   수핀 봉파찬, 싸이싸완 쑤완디, 변학구
교   정   양계성
오 디 오   김지영, 수핀 봉파찬
진   행   김혜인
디 자 인   최형준
발 행 인   최진희

펴 낸 곳   (주)아시안허브
등   록   제2014-3호(2014년 1월 13일)
주   소   서울특별시 관악구 신림동 1546-5 (신림로19길 46-8)
전   화   070-8676-3028
팩   스   070-7500-3350
홈페이지   http://asianhub.kr, asianhubbooks.modoo.at

값 18,000원
ISBN 979-11-86908-57-0(03730)

이 도서의 국립중앙도서관 출판예정도서목록(CIP)은
서지정보유통지원시스템 홈페이지(http://seoji.nl.go.kr)와
국가자료공동목록시스템(http://www.nl.go.kr/kolisnet)에서
이용하실 수 있습니다. (CIP제어번호: CIP2018042004)